保育に役立つ 言語表現教材 第2版

編著 松本和美

著 土橋久美子
　　松家まきこ

みらい

はじめに

「私、絵本が大好き！　幼稚園の先生になって子どもたちと絵本を読んだり紙芝居を見たり、手遊びをやって遊ぶのが楽しみ！」と思っている学生のみなさん。

ちょっと待った！

　20〜30人もの子どもたちの前に立って、お話したり絵本を読んだりすることは、そんなに簡単なものではないと初めての教育・保育実習で思い知ることになるでしょう。

　幼稚園の先生や保育士さんたちは、日々目の前にいる担当クラスの子どもたちが、どのような育ちの中に生き、何に興味・関心を持っているのかを考えながら、保育内容を考えています。「子どもたちにこんな遊びを紹介したら、子どものこんなところが育つだろう」「そのためにはこんな環境や配慮が必要だろう」と、そこまで計画するのが保育なのです。ですから、身近で手にとりやすい絵本は、子どもとのコミュニケーションを図るための有効なツールといえますが、日々の保育活動でやみくもにおこなわれるものではないのです。

　そして、もう1つ理解してほしいことがあります。絵本や紙芝居などは、言葉に関する表現活動にかかわる保育の教材であるということです。絵本や紙芝居をはじめ、ストーリーテリング、ペープサート、パネルシアター等の教材のことを言語表現教材といい、このような子どもの健全な心身の発達にかかわるもの、技術や活動などを総称して、児童文化財といいます。

　本書では、児童文化財である言語表現教材の基本的な扱い方や作り方などを学びます。「子どもたちはどんな絵本が好きなんだろう？」「子どもたちと楽しく絵本を読んだり紙芝居をしたりするためには、どんなことに気をつけたらいいんだろう？」という素朴な疑問に答えていきます。そして、これらの教材の活用方法を学んだ上で、実際に作成をおこない、子どもが自ら児童文化財等に親しむ環境構成および具体的展開のための技術を修得しましょう。

　さて、本書は授業におけるワークブックとして、また保育現場での教材研究として活用してください。言語表現教材の作成や楽しい遊びをすぐに実践できるように紹介しています。そして、みなさんが得た知識をどんどん書き入れて作り上げていきます。空欄には授業で紹介した内容などを書き入れ、自分たちで指導計画を立案することで出来上がる本です。きっと教育・保育実習や保育・教職実践演習などの授業においても大いに役立つツールとなるでしょう。どうぞ、どんどんあなた自身のオリジナル本を作り上げていってください。

　なお、本書で紹介している手遊びやお話で遊ぶ教材の多くは、藤田浩子さんが考案し広めていらっしゃるものです。掲載にあたり、快く了承くださったことに感謝いたします。

2018年10月　　　　　　　　　　　　　　　　　　　　　　　　　　　　　松本　和美

もくじ

はじめに

1 自己紹介 ──子どもと仲良くなるために

1	自己紹介で注意する事項を考えましょう	8
2	自己紹介の仕方を考えましょう	9
(1)	「自分は何者であるか」を伝えましょう / 9	
(2)	「どうしてこの園に来たのか」を伝えましょう / 11	

実践例 1　「ぱたぱた自己紹介」を作りましょう ……………………………………… 13

2 絵本

1	絵本とは何でしょう	16
2	絵本の読み聞かせの基本的な目的を理解しましょう	16
3	絵本の楽しみ方を考えましょう	17
4	絵本の種類を学びましょう	17
5	絵本を選びましょう	18
6	絵本の読み聞かせを練習しましょう	20
7	絵本の読み聞かせを実践する際の環境構成を考えましょう	20
8	実際に体験しましょう	21
(1)	「絵本選択カード」を作成しましょう / 22	
(2)	メンバーのアドバイスから学びましょう / 22	
(3)	メンバーの実践からも学びましょう / 23	
(4)	今後の課題について整理しましょう / 23	

実践例 2　絵本の読み聞かせをはじめる前に「さあ、お話がはじまるよ！」 ……… 24

3 紙芝居

| 1 | 紙芝居とは何でしょう | 26 |

	2	演じるための5つのポイントをおさえましょう	27
	3	紙芝居を選びましょう	30
	4	実際に体験しましょう	31
	（1）	「紙芝居選択カード」を作成しましょう / 32	
	（2）	実践しましょう / 32	

実践例	3	「折り込み型絵芝居」を作りましょう	34
	（1）	折り込み型絵芝居「おおきなかぶ」を作りましょう / 34	
	（2）	折り込み型絵芝居のオリジナル作品作りにチャレンジしましょう / 37	

4　絵本・紙芝居の部分実習指導案作成

	1	指導案を立案する際の流れを理解しましょう	38
	（1）	「導入」について考えましょう / 39	
	（2）	「展開」について考えましょう / 39	
	（3）	「まとめ」について考えましょう / 39	
	2	絵本・紙芝居の部分実習指導案を立案する前に考えましょう	39
	3	実際に部分実習指導案（例）を作成しましょう	40
	（1）	指導案作成のポイントを具体例から学びましょう / 40	
	（2）	「絵本・紙芝居の部分実習指導案」を作成しましょう / 43	

5　ペープサート

	1	ペープサートとは何でしょう	44
	2	ペープサートの特長を学びましょう	44
	3	ペープサートの種類を学びましょう	44
	4	ペープサートの絵人形を描いてみましょう	45
	5	ペープサートの舞台の作り方を学びましょう	46
	（1）	舞台を作りましょう / 46	
	（2）	必要に応じて舞台を活用しましょう / 47	
	6	ペープサートを作りましょう	47
	（1）	ペープサート「うさぎのいないいないばあ」を作りましょう / 47	
	（2）	ペープサート「うさぎのいないいないばあ」を演じましょう / 48	
	7	オリジナルの作品を作りましょう	50
	（1）	応用例を参考にしていろいろな作品を作りましょう / 50	

（2）　オリジナルのペープサートを作って発表しましょう / 52

6　人形遊び

1	人形とは何でしょう …………………………………………………………… 53
2	人形（puppet）の種類について学びましょう ………………………… 54
3	保育現場で実践される人形遊び ………………………………………… 55
4	身近なもので作成できる人形遊びの様々なスタイル ………………… 55

実践例　4　人形を作りましょう ……………………………………………… 57
（1）　紙パックで「犬のおまわりさん」を作りましょう / 57
（2）　軍手でわらべ歌「ひとやまこえて」をしてみましょう / 59

7　パネルシアター

1	パネルシアターとは何でしょう ………………………………………… 61
2	素材について学びましょう ……………………………………………… 61
（1）	Ｐペーパー / 61
（2）	パネル布 / 62
3	パネル板の作り方を学びましょう ……………………………………… 62
（1）	基本的なパネル板の作り方 / 62
（2）	便利な折りたたみ式のパネル板の作り方 / 63
4	パネル板の使い方を学びましょう ……………………………………… 63
（1）	イーゼルに立てかけて使う場合 / 63
（2）	積み木や机、イスなどに立てかけて使う場合 / 63
（3）	クリップとひもを使って首に提げて使う場合 / 64
5	絵人形の作り方 …………………………………………………………… 64
（1）	作品を選びましょう / 64
（2）	絵人形を作りましょう / 64
（3）	絵人形の仕掛けについて学びましょう / 65
6	演じ方の４つのポイントをおさえましょう …………………………… 67
7	パネルシアター作品「なんでもボックス」を作りましょう ………… 68
（1）	「なんでもボックス」を作りましょう / 69
（2）	中に入れる絵人形を作りましょう / 69
（3）	「なんでもボックス」を使って遊びましょう / 69

8	「なんでもボックス」を使った作品を発表しましょう	71
(1)	「My best　なんでもボックス発表」を作成しましょう / 71	
(2)	発表しましょう / 71	

8　エプロンシアター®

1	エプロンシアターとは何でしょう	72
2	エプロンシアターの特長を学びましょう	72
3	エプロンシアターの種類を学びましょう	73
4	エプロンシアターを演じるための4つのポイントをおさえましょう	74
5	実際に体験しましょう	75
(1)	練習しましょう / 75	
(2)	「エプロンシアター実践レポート」を作成しましょう / 75	
(3)	発表しましょう / 75	

9　ストーリーテリング

1	ストーリーテリングとは何でしょう	76
2	ストーリーテリングの種類を学びましょう	77
3	保育現場での展開について学びましょう	78
4	実践する前に5つのポイントをおさえましょう	79
5	実際に体験しましょう	80
(1)	ストーリーテリング「世界でいちばんきれいな声」を語ってみましょう / 80	
(2)	お話のレパートリーを増やしましょう / 82	
6	ストーリーテリングの発表をしましょう	83

10　お話で遊ぶ

1	親指を使ったお話「めえめえくんとめえめえちゃん」	86
2	紙パックを使ったお話「カラスの親子」	88
3	新聞紙を使ったお話「火事！」	91
4	模造紙を使ったお話「コートのお話」	95
5	画用紙を使ったお話「いないいないばあ」	97

| 実践例 | 5 | クリア・シアター「いろんなかたちでへんしんだ！」……………………… 99 |
| 実践例 | 6 | 「ぱたぱたカード（エンドレスカード）」を使ったお話を作りましょう ……… 104 |

11 幼児期における国語教育 ——文字環境への配慮と小学校との連携

1		領域「言葉」について考えましょう ………………………………………… 105
(1)		領域「言葉」について理解しましょう / 105
(2)		領域「言葉」のねらいについて理解しましょう / 106
(3)		領域「言葉」の内容について理解しましょう / 106
(4)		子どもたちとの「言葉」を通したかかわりの重要性について理解しましょう / 108
2		小学校との連携について考えましょう ……………………………………… 109
3		幼児期の国語教育につながる文字環境について理解しましょう ………………… 109
(1)		「文字」の機能について理解しましょう / 110
(2)		保育現場等での文字を使った環境、活動や遊びについて考えましょう / 110
(3)		文字などの記号に親しむ過程で配慮する点を考えましょう / 112

12 言語表現教材を使った実践 ——子どもたちと一緒に楽しむために

1		ペープサート・人形・パネルシアターを使って発表しましょう ……………… 113
(1)		発表の前に確認しましょう / 113
(2)		「ペープサート・人形・パネルシアターを使った保育実践案」を作成しましょう / 114
2		言語表現教材を使った自己紹介をしましょう ……………………………… 115

参考文献一覧

巻末資料

1章 自己紹介

――子どもと仲良くなるために

はじめての教育・保育実習は、とても緊張します。

「子どもたちは自分を受け入れてくれるだろうか」「子どもたちと仲良くできるだろうか」など、様々な不安が脳裏をよぎることでしょう。そして、「自分の名前を覚えてくれるだろうか」という心配もあるでしょう。

実習の初日、子どもたちの中にははじめて出会うあなたに「なんて名前なの？」「一緒に遊ぼうよ」などと、話しかけてくる子どももいることでしょう。あなたは子どもたちに何と返事をしようか、あるいは子どもたち全員の名前を覚えようと一所懸命になっているかもしれません。ですが、その前にすることは、まずあなたの名前を伝えることです。それこそが、コミュニケーションの第一歩、すなわち子どもたちと過ごす時間のはじまりです。

ここでは、子どもたちと仲良くなるための自己紹介の仕方を分かりやすく解説します。子どもたちに自分は何者なのか、どうしてこの幼稚園や保育所に来たのかを伝えるために、子どもたちに親しまれるような、そしてすぐにあなたの名前を覚えてもらえるような自己紹介の仕方を身につけましょう。

1 自己紹介で注意する事項を考えましょう

自己紹介とは、自分のことを知らない人に自分を知ってもらうための行為です。

みなさんもこれまで様々な場面で自己紹介をしてきたことでしょう。教育・保育実習を経て、保育者になるみなさんであれば、次の場面が考えられますね。

例

 幼稚園や保育所の先生方対象…主に事前のオリエンテーションや実習初日
 子ども対象………………………主に実習初日
 そのほかの対象者………………クラス担任になってから年度当初（保護者を対象）
           就職後、様々な研修に参加した際（研修先で出会う人を対象）

自己紹介の仕方次第で、初対面での印象が大きく変わります。「自分は人見知りだ」「はじめての場所で自分を紹介できない」と言っている場合ではありません。特に教育・保育実習では、学びに来ている身です。相手が子どもであっても自分は何者であるか、まず伝えることが礼儀ではないでしょうか。

　それでは、自己紹介の際にどのような工夫や注意すべきことがあるでしょうか？
　どのように話すとよいのか、どのような内容がよいのかなど、考えてみましょう。

　自己紹介をする子どもの年齢によっても、話し方、話の内容は変わります。自分はどの年齢の子どもたちに向かって自分を紹介するのか、どのような話し方が適しているのか、よく考えて、自分らしさが出る自己紹介を考えましょう。

　そして、忘れてはいけないことは、「誠実さを持って話す」ということです。たくさんの子どもたちを前に話そうとすると緊張してしまい、うまく話せなくなることがあります。でも、誠実に心をこめて話そうとする姿勢は必ず子どもたちに伝わります。子どもたちは自分のことを「覚えてくれるかな？」「好きになってくれるかな？」と不安に思う気持ちもあると思いますが、勇気を出して話してみましょう。

2 自己紹介の仕方を考えましょう

　教育・保育実習で出会う子どもたちを前にしておこなう自己紹介では「自分は何者であるか」と「どうしてこの園に来たのか」について伝えることができるとよいですね。
　ここでは、子どもたちに親しまれるような、そしてすぐにあなたのことを覚えてもらえるような自己紹介の仕方について紹介します。

（1）「自分は何者であるか」を伝えましょう

●あなたの名前を覚えてもらう

　まず、自分の名前をひらがなで書き、そのひらがなの1字1字を頭文字として、しりとりの要領で、ものの名称を考えてみましょう。

例のように、子どもたちが親しみを覚えるようなものでアピールができると、子どもたちはあなたの名前に関心を持ってくれることでしょう。また、これは食べ物シリーズといえますね。みなさんがこれから学ぶ、ペープサートやパネルシアターでおこなってもおもしろいでしょう。

　例
　「今日は私の好きな食べ物をみなさんに紹介します。私の好きなものは……」
　〔次々に食べ物のイラストを出していく〕

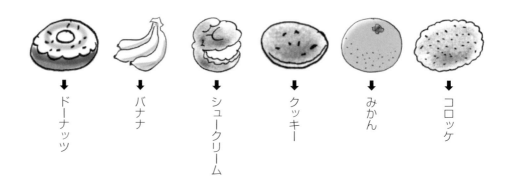

　「こんなにたくさん、私の好きな食べ物が並びました！」
　「この食べ物の最初の文字を並べると……」
　「ドーナッツの ど 、バナナの ば 、シュークリームの し 、クッキーの く 、みかんの み 、コロッケの こ ……で、ど・ば・し・く・み・こ」
　「私の名前は、どばしくみこです！」

　それでは、あなたの名前をひらがなで書き、どのようなものがあるのか考えましょう。自分の好きな食べ物でまとめたり、動物シリーズとしてそろえたりすると、子どもたちに親しみやすく伝わると思います。

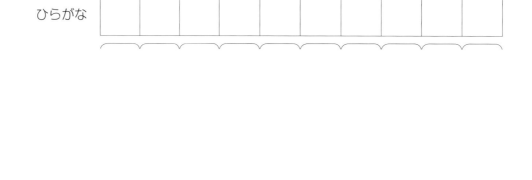

● キャッチフレーズを考える

　キャッチフレーズは、言いやすく、覚えてもらいやすいものがよいでしょう。

　長すぎると、何を言いたいのか趣旨が分からなくなりますし、覚えづらいものです。また、ネガティブな内容や流行りものに頼った言葉は避けましょう。

　「正しく分かりやすく、美しい言葉」で、子どもに親しんでもらえるような、明るく楽しい内容がよいですね。

　例
　　「いつも元気いっぱい、笑顔いっぱい、○○○です」
　　「いちご大好き、ぶどう大好き、果物だーいすきな○○○です」

　自分の特長や好きな果物をアピールしつつ、繰り返し言葉を用いるといった工夫が効果的です。そのほかにも、対象クラスの年齢に応じて、自分の好きな遊びをいくつかあげてみたり、やってみたい遊びなどをあげてみたりする工夫をしてみてもよいでしょう。

　それでは、聞いていて心地よいフレーズやテンポを心がけ、あなたのキャッチフレーズを考えてみましょう。

（2）「どうしてこの園に来たのか」を伝えましょう

　　教育・保育実習に向けての意気込みなどを明確に伝えましょう。

　　あなたは、この実習で子どもたちと仲良くなりたいと思っていますね。ですが、子どもたちと友だちになるためだけに実習に来ているのではないはずです。

　　何のために実習に来たのか、分かりやすい言葉で簡潔に伝えることが大切です。

　　例
　　〔3歳児クラスの子どもたちには……〕
　　「みんなが幼稚園（保育園）で先生とどんなことをしているのか見にきました。私も一緒に遊んで幼稚園（保育園）のことをたくさん知りたいです」

　　〔5歳児クラスの子どもたちには……〕
　　「幼稚園（保育園）の先生になるために、幼稚園（保育園）のことを知りたいと思っています。どんなことをして遊んでいるのかいろいろ教えてください」

それでは、教育・保育実習の目的を調べ、考えてみましょう。

自己紹介の仕方を考えることは難しかったですか？ ここで学んだことを自分の自己紹介に大いに活かしましょう。

本書で学ぶペープサートや人形、パネルシアターといった言語表現教材を用いることで自己紹介の仕方に工夫をこらすことができます。教育・保育実習において、子どもたちの前で最初にすることは自己紹介です。本書で学びながら、いろいろなアイデアを考えていきましょう。そして、有意義な実習をはじめてくださいね。

実践例1 「ぱたぱた自己紹介」を作りましょう

子どもたちの前に立って自己紹介をするときに、一工夫をしませんか？

自分の名前を覚えてもらう一手段として、ここでは「ぱたぱた」を紹介します。葉書を再利用して、ぜひ作ってみましょう。

●ぱたぱたの作り方

（材料と留意点）

古葉書とビニールテープ

- 古葉書（葉書サイズの厚紙でもOK）などを再利用するとよいでしょう。
- 文字数にあわせた枚数が必要になりますが、重さがないとパタパタときれいに裏返っていかないため、古葉書5～7枚をビニールテープで包んだものを1文字分として作成します（厚紙の場合は、一枚の厚さによって枚数を変えましょう）。
- 1枚に作成したものを「板」と便宜的に呼ぶことにします。「板」のサイズはそろえる必要があります。
- ここでは8文字分の「板」を作成しますので40～56枚の古葉書が必要となります。

布テープ（コットンテープ）、ボンド

- 1枚の「板」の縦長の長さよりも4～5cmほど長くして切ります。葉書の縦長の長さは約15cmありますので、今回は20cmの長さ（15cm＋2cm＋2cm＋厚み）にして21本準備します（「板」の枚数によって必要な本数は変わります）。
- 手芸品店などに売っています。1枚の「板」のサイズにもよりますが、細幅タイプがよいでしょう（紙テープで代用することもできます）。
- ボンドを塗るのは、「板」からはみ出た布テープ面のみ（2cm）となります（※隣の「板」同士を連結する部分のみ）。
- 布テープからにじみ出ないよう、ボンドを塗る面積は70％ほどと少なめにします。

黒の油性フェルトペン

- 「ぱたぱた」本体を完成させてから文字を書き入れましょう。反対側に文字を書くときは、最初の面をひっくり返してパタパタさせてから書くこと！
- 名前の文字がはっきりと分かるようにフェルトペンで書きます。
- プリントアウトした文字を拡大コピーするなどして活用してもよいでしょう。

（作り方）

1．布テープをはった「板」をそれぞれ必要枚数分準備します。布テープは、それぞれ図のように折り返しておきます（図はすべて表面を向いています）。

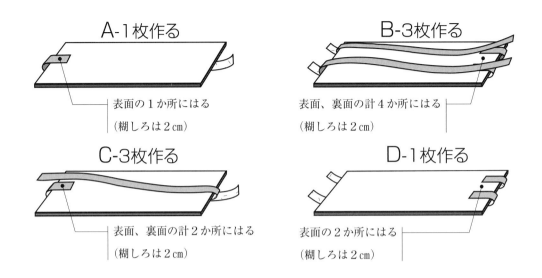

2．布テープをはった「板」をA、B、C、B、C、B、C、Dの順に連結します。AとB、CとB、CとDの「板」同士をつなげる際は、折り返して下から出てきている布テープを隣の「板」の表面にはりつけます。BとCの「板」同士をつなげる際の布テープは裏面にはりつけます。

　順につなげれば、「ぱたぱた」本体の完成です！

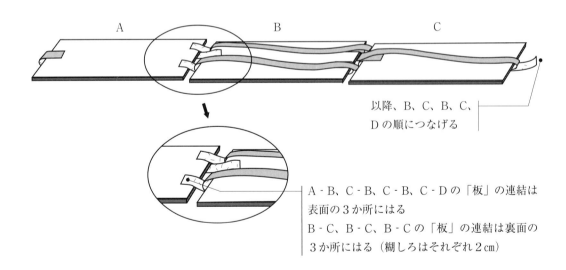

3．完成した「ぱたぱた」本体に文字を書き入れましょう。

　文字のないところには模様を入れて、8枚の「板」をすべて使ってください。布テープと文字が重なるところは布テープにも同じように上から塗ってください。

　「わたしのなまえは」と文字を書き入れるのは、どちら側からでもよいですが、パタパタとひっくり返して見せる反対側の面は、最初に書き入れた文字の天地と逆になります。ですから、必ずパタパタさせたときの両面の天地の向きを確認しましょう。

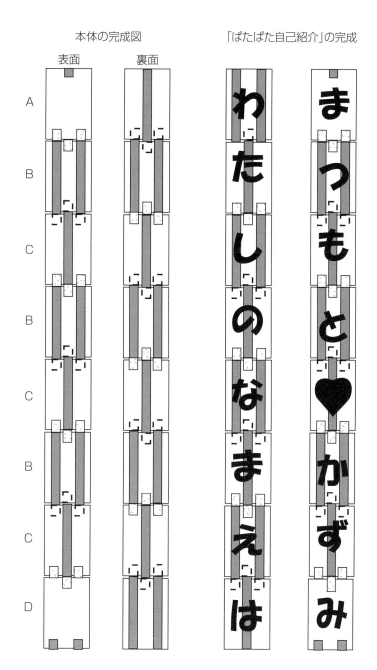

　Aの「板」を持って「わたしのなまえは」と見せます。「わ」の文字を後ろへくるりと倒すと、「ま」が出てきてパタパタとなります。手首を前後に返しながら、何度もパタパタしてみましょう。

　「わたしのなまえは」「○○○○」、「わたしのなまえは」「○○○○」と、子どもたちが一緒に名前を言ってくれるまで繰り返すのも楽しいです。もちろん、文字を読める子どもを対象に演じることが望ましいですが、パタパタしながら声に出して読んでいると、文字を読めない子どもも一緒に参加してくれます。

2章 絵本

ここでは、絵本の読み聞かせについて取り上げます。

保育現場では、保育者が子どもと1対1で読む、数人の子どもたちに囲まれながら読む、そしてクラス全員に読み聞かせるなど、多くの場面が見られます。ただ文字を追って、読めばよいというわけではありません。絵本の中に広がる世界を子どもと一緒に楽しむために、絵本の読み聞かせについて学びましょう。

1 絵本とは何でしょう

絵本とは、視覚表現としての絵と言葉の2つで構成されている独自の表現メディアであり、子どもが出会うはじめての本といえます。日本における絵本は平安時代の絵巻物からはじまり、室町時代の奈良絵本（挿絵入りで書写された御伽草子）、江戸時代後期の草双紙にたどることができます。特に草双紙の中の赤本は、昔話を題材とした子ども向けに作られた絵本でした。1877（明治10）年、わが国初の保育内容として東京女子師範学校附属幼稚園規則ができると、この幼稚園規則で決められた保育科目にあわせた絵本がではじめ、様々な絵本が作られるようになりました。そして、1922（大正11）年には絵雑誌の「コドモノクニ」、1927（昭和2）年には日本ではじめての保育絵本「キンダーブック」が創刊され、今日の月間保育絵本の源となっています。

戦後、日本の絵本は児童文化財として、質量ともに大きく発展しました。優れた外国絵本が翻訳されたり、日本の創作絵本が多く刊行されたりするようになりました。1953（昭和28）年には「岩波の子どもの本」シリーズや1956（同31）年に創刊された福音館書店の月間絵本「こどものとも」などが出版され、親から子へ読み継ぐものとして、今日も多くの子どもたちや親たちに親しまれています。

2 絵本の読み聞かせの基本的な目的を理解しましょう

それでは、絵本の読み聞かせの基本的な目的をおさえましょう。

保育現場での絵本の読み聞かせは、<u>友だちと一緒にその絵本の世界を体験し、絵本の楽しさや感動を共有する</u>という大きな目的があることをいつも心にとめておきましょう。

3 絵本の楽しみ方を考えましょう

絵本の世界を子どもに届け、共有して楽しむために、「静かにじっくりとお話を聞く」「一緒に声を出して楽しむ」「動作をつけて楽しむ」「やりとりをして楽しむ」を心がけるとよいでしょう。あなたは幼少の頃に、お父さん、お母さん、そして保育者から絵本を読んでもらった思い出はありますか？　そのときのことを思い出しながら、絵本の楽しみ方を考えましょう。

4 絵本の種類を学びましょう

絵本には子どもの年齢や発達段階に応じて様々な種類があります。

自分が昔よく読んだ絵本はどの種類なのか、これから読んでみたい絵本はどのような特徴があるのか、見てみましょう。

種類	内容や特徴など	例
①赤ちゃん絵本	主に0、1、2歳向け。子どもが赤ちゃんのときに出会う絵本。小型で軽量、指を切らないようにある程度の厚さがあり、ページがめくりやすいのが特徴。	『いないいないばあ』松谷みよこ/作　瀬川康男/絵　童心社　1967年
②創作・物語絵本	絵と言葉によってストーリーを展開させる、物語を創作した絵本。「ストーリー絵本」とも呼ばれる。現代の多く出ている絵本の主流となっている。文字の量や、話の内容によって、どの年齢でも楽しむことができる。	『ぐりとぐら』中川季枝子/作　大村百合子/絵　福音館書店　1967年
③昔話・民話絵本	世界や日本の昔話、伝説、民話など、各地に伝わる古い話。民衆によって語り伝えられてきた口承文学を絵本化したもの。話の長さによって、対象年齢を考えるとよい。	『おおきなかぶ』A.トルストイ/再話　内田莉莎子/訳　佐藤忠良/絵　福音館書店　1966年
④知識絵本	楽しみながら知識を身につけられるように、子どもにあるものの知識を伝える絵本（科学絵本、図鑑絵本、数の絵本など）。「教える」ためではなく、子どもの知的好奇心に応えて、育むことができるようにすることが大切である。	『はははのはなし』加古里子/作・絵　福音館書店　1972年
⑤言葉の絵本	早口言葉やだじゃれ、オノマトペなどの言葉遊び、詩など、言葉のリズムや音のおもしろさを楽しんだり、言葉の美しさを味わったりする絵本。落語、四字熟語などは、高い年齢のほうが楽しむことができる。	『さる・るるる』五味太郎/作・絵　絵本館　1980年
⑥写真絵本	写真で構成されている絵本。写真だけのものや、言葉と組み合わせて構成されているものがある。	『はるにれ』姉崎一馬/写真　福音館書店　1981年
⑦文字のない絵本	絵だけで構成されている絵本。赤ちゃん絵本に多くあるが、そのほかにも様々なものがある。読み手が自由にストーリー展開をできるものもある。	『旅の絵本』安野光雅/絵　福音館書店　1977年
⑧仕掛け絵本	切り抜きや飛び出しなど、様々な仕掛けを用いて構成されている絵本。音や声の出る絵本などもある。	『まどから　おくりもの』五味太郎/作・絵　偕成社　1983年
⑨バリアフリー絵本	障がいというバリアを超えて楽しむことができる絵本。点字を用いているものや、さわった感じを楽しむ絵本がある。	『さわってごらん　だれのかお？』中塚裕美子/作・絵　岩崎書店　1999年

5 絵本を選びましょう

　子どもと一緒に楽しみたい絵本を選びましょう。

　保育現場では、「これ、読んで」と子どもたちからの要望で保育者が読む場合が多いでしょう。同じ本を毎日のように読む場合もあります。一方で、子どもたちの年齢や発達段階、保育場面などにより、保育者自身が絵本を選び、読み聞かせる場面も多くあります。その際には「この本がおもしろそうだから……」「私が読みたかったから……」という自分中心の理由だけで、簡単に選んでしまうことは避けなくてはいけません。

　絵本を通して、あなたは子どもたちとの時間をともに過ごします。そして、子どもたちは絵本や物語の世界に興味を持つとともに、読み手であるあなたの存在を意識することにもなるのです。

　保育現場などで読み聞かせをする絵本を選択する際には、先ほど学んだ絵本の種類ごとの特徴や内容をふまえつつ、次のポイントに留意してください。また、絵本によっては対象年齢が示されていますので、これを参考にしてもよいでしょう。

❶ 読み手である保育者が楽しんだり、共感したりできる絵本であるか

　絵本は、子どもが楽しむものです。子どもが「楽しい」と思う気持ちを読み手である保育者が一緒に感じることが大切です。絵本の楽しさ、おもしろさがどのようなところなのか、子どもの側に立って絵本を選ぶよう、心がけましょう。

❷ 子どもの年齢や発達段階を考慮する

　年齢だけではなく、子どもたちの読書歴も大切なポイントとなります。

　自由時間等に、子どもたちが絵本をどの程度手にとっているのか、どのような絵本を好んで読んでいるのか、繰り返し読まれている絵本はどのようなものかなど、読書歴も考えて、絵本を選んでみましょう。

　縦割りクラスの場合には、どのような工夫が必要になるのか考えてみましょう。

❸集団で読む場合は子どもの人数を考える

　年齢が上がるにつれ、人数が多くなっても集中できるようになってきます。クラス全体の人数で読み聞かせをおこなう場合は、ある程度の大きさの本や絵が細かすぎないものなどが好ましいです。絵本によっては、大型絵本という特殊な版型のものもありますから、それを使用してもよいでしょう。

　反対に少人数の場合では、小さめの本や絵が細かいものでも提示の仕方を工夫することで楽しむことができます。

❹絵本のテーマを見極める

　保育場面に応じた内容のものや、日々の園生活の流れの中で、子どもたちが興味や関心を示した内容などから、絵本を選びましょう。

　どのようなテーマがあるのか考えてみましょう。

6 絵本の読み聞かせを練習しましょう

　自分だけで絵本を読むのは簡単です。しかし、絵本を子どもたちに向けて読むことは、簡単なようで大変難しいものです。文字を追って、ただ声に出して読めばよいというわけではありません。絵本や物語の世界を子どもたちと一緒に楽しむためには、文字を目で追うだけではなく、ストーリーのおもしろさ、物語の雰囲気なども子どもたちと一緒に感じながら読むことが大切です。そのためには、入念な準備が必要になってきます。準備を怠らず、これまでに学んだ絵本の読み聞かせの目的、楽しみ方などを頭に入れながら、繰り返し声に出して練習しましょう。

　次の図は、読み聞かせを実践するために必要なポイントを分かりやすく示したものです。覚えましょう。

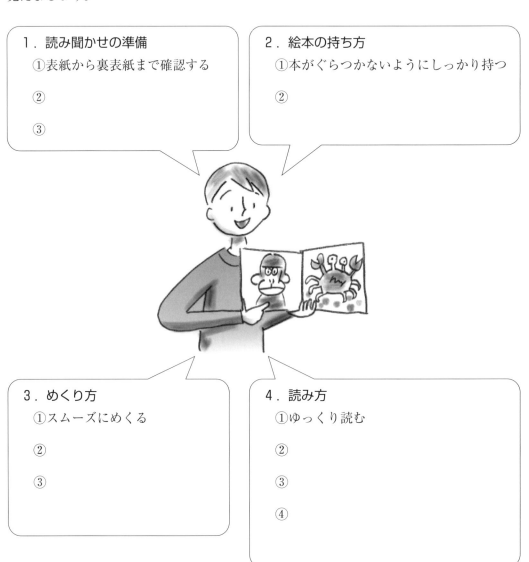

1．読み聞かせの準備
　①表紙から裏表紙まで確認する
　②
　③

2．絵本の持ち方
　①本がぐらつかないようにしっかり持つ
　②

3．めくり方
　①スムーズにめくる
　②
　③

4．読み方
　①ゆっくり読む
　②
　③
　④

7 絵本の読み聞かせを実践する際の環境構成を考えましょう

　絵本は手軽で持ち運びしやすく、どのような場所でも読むことは可能です。しかし、子どもたちの前でおこなう絵本の読み聞かせの場合では、どのようなところでもよいという

わけにはいきません。子どもたちが絵本に集中できるような環境作りが必要になります。

ここでは、具体的に絵本を読む空間を考えましょう。これは、紙芝居やパネルシアターを演じる際にも同じです。実践の際に役立てましょう。

次の絵本を読む空間のポイントをおさえましょう。

❶読み手（保育者または実習生）の後ろに、なるべくものがないところを選ぶ

読み手の後ろの壁面にたくさんの絵がはってある場所は、子どもたちの気持ちが散ってしまいます。読み手の背後は、あまりものが散在していないところがよいでしょう。

❷外や後ろが明るいときは、カーテンなどをひく

絵本など子どもたちに示す際には明るい場所がよいのですが、読み手の背後に明るい窓があると、子どもたちの側からは逆光となり見づらい場合があります。子どもたちにとってまぶしすぎる場合は、カーテンなどひいて明るさを調節しましょう。

では、実際にどのような環境がよいか、描いてみましょう。

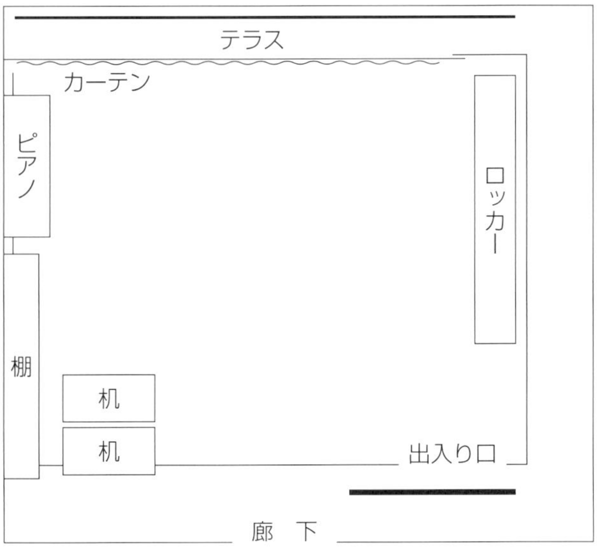

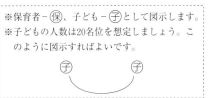

※保育者－㊝、子ども－㋙として図示します。
※子どもの人数は20名位を想定しましょう。このように図示すればよいです。

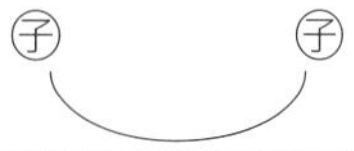

8 実際に体験しましょう

絵本の読み聞かせの練習は、一人でおこなうより友だちや家族に聞いてもらうことで実際の様子をシミュレーションすることができます。

さあ、これまで学んだ、絵本の読み聞かせの目的、楽しみ方、その種類と選択方法、実践する際の留意点などを大いに活かして、３人ほどで１組のグループに分かれて実践しましょう。そして、お互いによかったところ、工夫したほうがよいところなど気づいたことをメモし、読み終わった後に、アドバイスを交換し合いましょう。

(1)「絵本選択カード」を作成しましょう

巻末資料「絵本選択カード」を作成し、実践に臨みます。以下は、記入にあたっての留意点です。

グループメンバーに「絵本選択カード」の内容を伝えたら、あなたの絵本の読み聞かせのはじまりです。

● 題名
あなたが選んだ絵本の題名を記入します。

● 出版社名／発行年月日
選んだ絵本の出版社名、初版の発行年月日を記入します。どこの出版社から発行されたのか、出版された年代はいつなのかということを意識すると、今後、教材研究などの資料を探す際の手がかりになります。

● 選択理由
この絵本を選んだ理由や聞かせどころについて記入します。

● 場面設定
あなたが選んだ絵本の内容や読み聞かせの練習をしてみて、何歳児を対象としているのか、どのような場面で読み聞かせをおこなう予定でいるのか等について、想定できる範囲で記入しましょう。実践後にグループメンバーからのアドバイスを受け、新たな気づきを得ることもあるでしょう。

(2) メンバーのアドバイスから学びましょう

ここでは、あなたが実践を終えた後に、グループメンバーから受けたアドバイスをメモします。そうすることで、自分では気づくことのできなかった課題などを意識できるようになります。

（3）メンバーの実践からも学びましょう

　　グループメンバーの実践について、工夫したほうがよいところや気づいたことなどをメモします。ほかのメンバーが工夫していると感じたところなどもメモできるとよいでしょう。

（4）今後の課題について整理しましょう

　　グループメンバーの前での絵本の読み聞かせはうまくいきましたか？

　　ここでは、あなたの実践体験を振り返りつつ、（2）と（3）でメモした内容をふまえ、今後、絵本の読み聞かせをする上でのあなたの課題を整理しておきましょう。

実践例2　絵本の読み聞かせをはじめる前に「さあ、お話がはじまるよ！」

　絵本の読み聞かせをはじめる前に、子どもたちの注目や集中力を高めるためにおこなう手遊びを紹介します。

　先生や友だちと声をそろえて手遊びをすることによって、子どもたちの気持ちが落ち着き、クラスにまとまりが生まれます。絵本の世界へ誘うきっかけとなるでしょう。

　手遊びをするときには、表情豊かにゆっくりと子どもたちを見渡しながら、一緒に楽しんでください。

開いて閉じて

　開いて閉じて　　開いて閉じて〔両手をパーグー、パーグー〕
　開いたその手をパチン〔パー、パチン！〕
　開いて閉じて　　開いて閉じて〔両手をパーグー、パーグー〕
　開いたその手をパチン〔パー、パチン！〕
　登って登って登って登って　あごまできたら〔手のひらを下にして、おへそのあたりから交互に重ねて上がってきて、あごの下で止める〕
　開けたお口に〔あごの下に手をおいたまま、口を大きく開ける〕
　入れちゃだめ～〔素早く両手を背中に回す〕

　開いて閉じて　　開いて閉じて〔両手をパーグー、パーグー〕
　開いたその手をパチン〔パー、パチン！〕
　開いて閉じて　　開いて閉じて〔両手をパーグー、パーグー〕
　ひざの上〔両手はひざに〕

　最後に両手をひざに乗せることで、子どもたちの姿勢をきちんと正すことがポイントです。

手のひら絵本

　これは私の絵本です　さあ、一緒に読みましょう
　まず、表紙をめくると、ピロロロロ～ン！

　あら、かわいい猫さんの絵が描いてありますよ
　かあさん猫が　寝ています　クークークー
　そばで子猫も　スースースー
　一緒に仲良く　寝ています

*｜次のページをめくると、ピロロロロ〜ン！
　｜あら、かわいい犬（○○）さんの絵が描いてありますよ〔○○を変えて繰り返す〕

　かあさん犬が　ほえてます　ワンワンワン
　そばで子犬も　キャンキャンキャン
　一緒に仲良く　ほえてます

*
　かあさん豚が　食べてます　パフパフパフ
　そばで子豚も　ハフハフハフ
　一緒に仲良く　食べてます

*
　かあさん蛙が　泳ぎます　スイスイスイ
　おたまじゃくしも　チョロチョロチョロ
　一緒に仲良く　泳ぎます

ご本を閉じて、おしまい！

　手のひらを絵本に見立てて、子どもたちと話し合いながら、いろいろな動物で絵本を作ってみましょう。ページをめくるときの効果音は、かわいい音をオリジナルでどうぞ。

１本指で拍手！

　クルクルクル　クルクルクル〔両手の人差し指をくるくる回す〕
　１本指で拍手！〔「は・く・しゅ」のときに人差し指で３回拍手〕

　クルクルクル　クルクルクル〔両手の人差し指と中指２本ずつをくるくる回す〕
　２本指で拍手！〔「は・く・しゅ」のときに２本指で３回拍手〕

　両手の指先同士をあわせておこないます。指を回す回数を決めておきましょう。そして、３本、４本、５本と回す指を増やしながら同じように繰り返しましょう。
　　①回す回数やテンポを変えて、スローモーションでやったり、素早くやったりしてみましょう。
　　②隣の人と向かい合い１本指から５本指までやってみましょう。なかなか難しいですよ。
　　③「②」の応用編です。今度はお互いに目を閉じてやってみましょう。気持ちをあわせることが大切です。
　　※　②③は年長児から小学生向きです。

3章 紙芝居

　紙芝居は、幼稚園や保育所などで親しまれている児童文化財の一つです。みなさんも、幼少の頃に紙芝居を楽しんで見ていたことでしょう。

　紙芝居は、絵本と違い画面が大きく、1枚ずつ画面が変わる様子も異なります。文字は画面ではなく裏に書かれており、子どもたちは画面と演じ手の言葉、声の調子などによって、紙芝居の世界を楽しみます。

　ここでは、日本特有の文化財である紙芝居を学んでいきましょう。

1 紙芝居とは何でしょう

　明治期には、絵を描いた紙に棒をつけた紙人形を動かす「立絵」が、見世物の一つ（立絵紙芝居）として親しまれてきました。

　昭和期に入ると、テンポよく画面が変化する、紙を引き抜くタイプのもの（平絵紙芝居）に変わっていきました。その頃、紙芝居は自転車に紙芝居の舞台を積み、街頭で舞台に集まってきた子どもたちに飴などを売って演じられるもので、「街頭紙芝居」と呼ばれていました。そこで演じられる紙芝居は、子どもの関心を引き寄せることだけを目的としたもので、娯楽性の高いものでした。表現や描写がエスカレートした残酷な内容のものや、怪奇なものなどが多く、子どもに望ましくない影響を与えかねないものも多く見られました。

　その後、子どもの興味関心の高さを活かし、教育的配慮から「教育紙芝居」が作られるようになりました。教育紙芝居は、学校外でも子どもの生活に即した教育をおこなうべきだとする新しい教育運動を背景として、1930年代半ばから40年代初頭にかけて、理論化もおこなわれ、制作や普及も進みました。

　子どもの興味関心をひきつける街頭紙芝居の利点を活かしつつ、その中身には、知識を

1955（昭和30）年頃の街頭紙芝居
注：井上敬一郎氏撮影（井上知子氏蔵）

紙芝居「黄金バット　ナゾー編」
出典：『懐かしの紙芝居』大空社　1995年
注：1930（昭和5）年の登場以降、人気を博し、多種多様な「黄金バット」が作られた。この作品は、原作：鈴木一郎、作画：加太こうじ、話の日本社、1950年（昭和25年）頃の作品を復刻、出版したもの。

ふくらませたり充実させたりする"教育"と、道徳的、思想的な影響を与えて望ましい方向に進ませ、精神面で働きかけ導こうとする"教化"を図る配慮がされました。

特に保育現場での紙芝居は、絵本や素話（ストーリーテリング）とは異なり、教化に偏ることなく、演じるという独自の要素などが含まれる、**子どもの心に働きかける文化財**になっています。

昔話を題材にしたものや、クイズ形式で観客が参加して楽しむもの、大きな画面を活かした虫や植物などを題材にしたものなど、現在の紙芝居は多岐にわたっています。

紙芝居の仕組みは、12場面程度の絵が箱に収められています。物語が長いもので16場面、短いものは8場面で構成されています。多くは12場面の紙芝居です。紙芝居が収められている箱の表には、紙芝居の絵やあらすじ、対象年齢も示されていることもあり、紙芝居を選ぶ際の手がかりとなります。覚えておきましょう。

2 演じるための5つのポイントをおさえましょう

❶下読み

演じる前には必ず次のような方法で下読みをしましょう。聞き手である子どもたちがどのような画面を見ているのかを確認する必要があります。

1．作品を上向きに置きます。
2．最後の1枚を抜いて、裏に向けて左横に置きます。そうすることで、画面の絵の雰囲気をつかみながら、読むことができます。
3．1枚目から順に裏に向けて左横に重ねていき、2枚目以降の画面を確認しながら、読み進めていきましょう。その際、画面がすべてそろっているか、正しい順番になっているかについてもしっかり確認しておきましょう。最後の画面は、すべて重ねた後に表に返し、確認します。

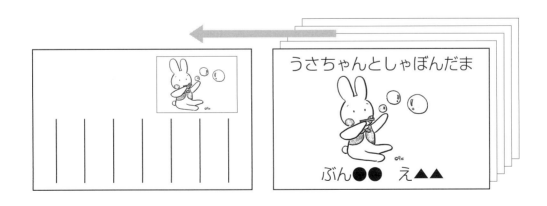

❷声（語り・擬音・セリフ）

　声の調子は様々です。
・語　り…その場の情景・状況が観客に伝わるように語りましょう。
・擬　音…特徴をつかんで、リズムや強弱で表現しましょう。
・セリフ…喜び、悲しみ、怒り、爽やかさ、恐怖など様々な声色を使い分けましょう。
　なお、紙芝居は演じるものですが、使い分ける声色は大げさにならないようにすることのほか、演じ手が顔の表情をあまりにつけてしまうと、そちらに意識が向いてしまうことがあるので、セリフに自然と表情をつけることを意識しましょう。

　声のキーワードと演じ方の例を示しました。声（語り・擬音・セリフ）の調子について、いろいろと試してみるとよいでしょう。

〈声のキーワード〉	例えば……	
☆高・中・低	・うれしいとき	→ やや高く、明るく
☆早・中・ゆっくり	・楽しいとき	→ 明るく弾むように
☆強・中・弱	・怒っているとき	→ 強く、早口で、低く
☆明・中・暗	・悲しいとき	→ 暗く、弱く、ゆっくりと
		など

それでは、あなたの感情を声に出してみましょう！

　１．あなたが感情的になったエピソードを思い出してください。

　２．それは、どのような感情ですか？

　３．その際、どのような声を出しましたか？

❸間（ドラマを活かす）

　紙芝居は、「芝居」（ドラマ）です。読み手は、演じ手ということになります。ストーリーによっては、演じ手の「間」が一つの演出にもなります。「間」とは、分かりやすくいうと「息つぎの間」です。話し続ける際に、息つぎをしないと続きません。紙芝居によっては、裏に「間」の演出のポイントが示されていることがあります。それを参考にするとよいでしょう。

　例えば、イベントが起こりそうな場面では、「何かが起こりそうだ」と期待を持たせるように、言葉の一つひとつに「間」をとって話すことや、情緒的な場面やラストの場面においては、3秒くらい黙って余韻を残す「間」を設けるといった演出のポイントなどがあります。どの程度の「間」がよいかは、子どもたちの表情を見て考えましょう。演じ手の「間」の取り方によっては、子どもたちが息を飲む様子が分かるかもしれません。

　「間」をとることは難しいことと思われますが、みなさんが好きなテレビドラマや演劇、映画などを見る際に、演者の「間」を意識してみましょう。まねをするのもよいかもしれません。そうすることで、「間」の感覚が少しずつ分かってくるかもしれません。

❹抜く、動かす

　紙芝居は舞台にセットして使用するように作られているので、演じ手の右側から引き抜くようにできています（画面中の動作や進行方向などの動きも観客から見て、左側から右側へと移動するようにできています）。前の画面を抜いて次の場面（画面）につなげていきます。紙芝居自体も、裏の文字は縦書きですから、右側に引き抜く、つまり観客から向かって左側を動かすことで文章を読み進めるようになっています（演じ手の右側から、話の終えた画面を抜いて、最終頁となるよう重ねることになります）。紙芝居の場面によっては、画面を少し動かすことで躍動感が出たり、画面の抜き方でスピード感が出たりするなどの効果を生み出すことができます。裏に「抜き方や動かし方」の演出のポイントが示されていることもありますので、参考にしましょう。

　舞台を使用しない場合でも、紙芝居を左手で持ち、右側を水平に引いていくようにしましょう。上述のように紙芝居は右側を引き抜くようにできています。下から上へ抜くと、紙芝居のよさ、子どもたちに与える効果が半減してしまいますので気をつけましょう。

　紙芝居では、次の画面に応じた抜き方を考える必要があります。

　次の「抜き方や動かし方」により、どのような効果が得られるのか、鏡の前などで演じながらいろいろと試してみるとよいでしょう。

さっと抜く	
ゆっくり抜く	
半分まで抜く	
動かす	

❺舞台・幕紙の効果

　紙芝居の舞台を使っての最大の効果は、舞台という枠の中に、物語の世界が広がることにあります。

　保育現場によっては、紙芝居の舞台を備えているところも多いでしょう。教育・保育実習などで紙芝居を演じる場合、舞台があるのでしたらお借りすることをお勧めします。紙芝居の舞台の扉が開く瞬間、子どもたちは目をキラキラさせ、何がはじまるのか期待をつのらせます。子どもたちは舞台に集中し、物語の世界に入りやすくなることでしょう。

　また、幕や幕紙のような紙芝居の最初の画面を隠すようなものがあると効果的です。幕紙は、画用紙に包装紙などをはって作成することができます。物語の内容によって、明るめの幕紙、落ち着いた感じの幕紙など変えてみることもよいでしょう。

　舞台がない場合は、紙芝居を演じるのにちょうどよい高さの机や台等を用意して、その机や台に布をかけ、その上に紙芝居を置くと安定させることができます。また手で持つだけよりも、子どもたちが物語の世界に集中しやすくなります。

紙芝居の舞台

舞台と幕紙

幕紙

3 紙芝居を選びましょう

　前章で学んだ絵本の選び方のポイントも参考にしましょう。「自分が読みたいから」「おもしろそうだから」など、絵本と同様に簡単に選んでしまうことは避けなくてはなりません。

❶保育者、子どもが楽しみ、おもしろさを味わえる紙芝居であるか

現在、紙芝居は様々なテーマで、いろいろな内容のものがあります。紙芝居を演じているときの子どもたちの姿を想像しながら、楽しさ、おもしろさを感じるような紙芝居を選ぶようにしましょう。

❷子どもの年齢や発達段階を考慮する

紙芝居の多くは画面の大きさが決まっています（近年、大型紙芝居や小型紙芝居も出ていますが、数は多くありません）。絵本より画面が大きいので、人数が多くても楽しむことができます。その分、子どもの年齢や発達段階に応じた内容であるかどうかについて考えましょう。

低年齢の幼児	
年齢が高くなったら	

❸子どもの人数、環境構成を考える

❷で説明したように、紙芝居は人数が多くても楽しむことができますが、参加人数や年齢に応じた環境、例えば人数が多い場合には、イスに座るのか、床に座るのかなどを考慮することが必要になります。

人数が多くなるような場合には、図書館などに大型紙芝居が置いてあるか確認して、活用してみるのもよいでしょう。

❹紙芝居のテーマを見極める

一つひとつの紙芝居の内容は、季節や行事に連動しているものが多く見られます。中には、歯磨き、安全な生活を題材にした作品もあります。

園生活の流れを考えながら、その時期にあうものや子どもの興味や関心が向いているような内容の紙芝居を選びましょう。

4　実際に体験しましょう

紙芝居の練習は、絵本の読み聞かせの練習と同じです。1人でおこなうより、友だちや家族に聞いてもらうことで実際の様子をシミュレーションすることができます。

さあ、これまで学んだことを大いに活かして、3人ほどで1組のグループになり実践し

てみましょう。お互いによかったところ、工夫したほうがよいところなど気づいたことをメモし、読み終わった後に、アドバイスを交換し合いましょう。また今回は、グループのメンバーがどのような紙芝居を選んできたのかも記入します。そして、感想を自分で整理しましょう。

（1）「紙芝居選択カード」を作成しましょう

巻末資料「紙芝居選択カード」を作成し、実践に臨みます。
以下の留意点を確認しましょう。

● 対象年齢

何歳児を対象とした演目であるのかを示します。教育・保育実習で紙芝居を実践する際には、対象となる子どもの年齢は分かっているものです。対象年齢を決めてから作品を選びましょう。

● 題名

あなたが選んだ紙芝居の題名を記入します。

● 借りた場所

借りた場所を記入します。紙芝居は絵本と違い、購入することが少ないかと思います。借りた場所を記しておくことで、この紙芝居はどこで借りたのか覚えておくことができます。また、友だちにどこで借りたのか聞かれたときにすぐに答えられるでしょう。

● 選択理由

紙芝居を選んだ理由や演じどころ、見どころについて記入します。
この紙芝居を見て、どのようなことを子どもたちに感じてもらいたいかなどといった、あなた自身の願いがこの紙芝居を導入したねらいにつながります。

● 場面設定

どのような保育場面を想定して紙芝居をおこなうのか等について記入します。

（2）実践しましょう

次の「実践メモ」を活用して、紙芝居の練習の記録を残しましょう。この記録は、あなたが今後、紙芝居を演じる上で大きな学びの糧となるでしょう。

実践の流れは、「1．グループのメンバーに紙芝居の題名、対象年齢とその選択理由を発表する」「2．演じ終わったら、メンバーからよかったところ、工夫したほうがよいところなど、アドバイスをもらう」「3．感想を記入する」です。

●実践メモ

グループメンバーからのアドバイス／
自分の感想／

①発表者／	対象年齢と選択理由／
題名／	
見た感想／	

②発表者／	対象年齢と選択理由／
題名／	
見た感想／	

③発表者／	対象年齢と選択理由／
題名／	
見た感想／	

実践例3 「折り込み型絵芝居」を作りましょう

　簡単に作ることができ、次々にあらわれる絵や表と裏の変化を楽しみながら演じることができる「折り込み型絵芝居」は保育の中で取り入れやすい教材の一つです。ぜひ、作り方を覚え、実践してみてください。

（1）折り込み型絵芝居『おおきなかぶ[*1]』を作りましょう

● 「おおきなかぶ」の作り方

[*1]　A・トルストイ作（内田莉莎子訳）　佐藤忠良画　福音館書店1966年

　巻末資料「おおきなかぶ」をＡ３の用紙に拡大コピーし、色鉛筆や水性ペンで色を塗ります。コピーした画面は、点線で区切られていますが、これは折り目の線です。色を塗り終えたら、その点線に沿って下図のように順に折り込んでいくと完成です。

　これは、巻き込み型といって、折り込み型絵芝居の基本的な作り方になります。

1. コピーして色を塗ります。
　図中の番号は、場面を展開していく順番をあらわしています。

2. 折り目の線が外側になるよう半分に折ります。

3. 折り目の線が外側になるよう、6つ目の場面から順に折り込んでいけば完成です。

● 「おおきなかぶ」の演じ方

　折り込み型絵芝居のおもしろさは、折り込んだ絵を開くことによって場面を展開させていくところにあります。

実践する際は、次の環境構成や演じ方のポイントに留意して練習しましょう。

❶子どもたちの座る場所を準備する

　折り込み型絵芝居がよく見える位置にじゅうたんを敷いたり、イスを並べたりして、子どもたちが落ち着いて見聞きできる場を確保しましょう。

❷演じ手の背景にはできるだけものを置かない

　演じ手の背景に道具や本棚などがあると、子どもたちの意識が散漫となり、折り込み型絵芝居の動きや話の内容に集中しにくくなります。子どもたちの視線が向く方向にはできるだけものを置かないようにしましょう。

❸子どもに見やすい位置（高さ）で演じる

　子どもたちがイスに座っている場合は演じ手が立ち、じゅうたんに座っている場合は演じ手がイスに座るなど、子どもたちに見やすい位置（高さ）で保持して演じるようにしましょう。

❹子どもたちみんなに聞こえる大きさの声で演じる

　口を大きくはっきり動かし、子どもたち全員に聞こえる声で語りかけましょう。

❺子どもの年齢や発達段階を考慮する

　子どもたちと一緒に登場人物を呼んだり、「うんとこしょ　どっこいしょ」のセリフのところでみんなで声をあわせたりして遊ぶなど、子どもの年齢などに応じて、参加の呼びかけ方を工夫しましょう。

❻画面の動かし方を工夫する

　「うんとこしょ　どっこいしょ」とかぶを引っ張るときに絵を左右に揺らすと楽しいですが、あまり激しく速く動かすと絵が見えにくくなってしまうので気をつけましょう。

●巻末資料の活用の仕方

「おおきなかぶ」同様に、巻末資料「折り込み型絵芝居のイラスト」をＡ３の用紙に拡大コピーして色を塗って折り込めば、様々なバリエーションの作品を作ることができます。

「やおや」「ぱんや」は、片面だけでできる作品です。裏面に好きな絵を描いて、作品の内容を創作してもよいでしょう。

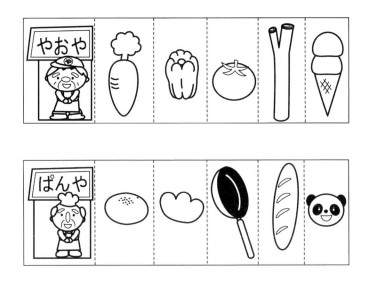

「あしあとだあれ？」「カレーライス」は、裏表の両面を活かした作品です。

※ 「カレーライス」の絵は表は縦向きに、裏は横向きにして使います。

（2）折り込み型絵芝居のオリジナル作品作りにチャレンジしましょう

「おおきなかぶ」の作品などで演じ方を練習したら、オリジナルの作品作りにもチャレンジしましょう。次の留意点をおさえ、ぜひ作ってみましょう。

- 四つ切の画用紙を縦半分に切ったものに描くとよいでしょう。画用紙のほうが絵も描きやすく、大きくて見やすい作品を作ることができます。
- 演じやすいように裏と表の絵を天地逆さに描きます。
- 遠くからも見やすいようにアウトラインは黒の油性フェルトペンでしっかりと描きます。下絵を使わない場合は、画用紙に鉛筆で下書きをしてから色を塗り、アウトラインを描くようにしましょう。
- 折り込み方（巻き込み型、じゃばら型など）は、作品の内容によって工夫しましょう。折り込み方を工夫することで、様々なお話やクイズ、歌や生活指導の教材など幅広い作品を作ることができます。
- 画用紙の使い方も横向きにこだわらず、作品の内容によっては縦向きに使用してもよいでしょう。

それでは、オリジナルの折り込み型絵芝居の案を考えてみましょう。

タイトル		対象年齢	歳
表の絵			
裏の絵			
遊び方（シナリオ）			

4章 絵本・紙芝居の部分実習指導案作成

　教育・保育実習は、観察実習、参加実習（本実習、責任実習などと呼ばれる場合もあります）があります。

　参加実習の期間には、みなさんは毎日の園生活の中で部分実習、一日実習などもおこないます。その際、指導計画（以下、指導案とします）を作成し、それをもとに実習をおこないます。毎日の保育は、行き当たりばったりでおこなわれているものではありません。それぞれの園の教育・保育課程にもとづき、長期の指導計画・短期の指導計画を立て、子どもの実態に即した内容を練り、作り上げられています。実習に臨むみなさんも、子どもの実態に即した指導案を立てる必要があります。

　ここでは、最初の部分実習としておこなわれることが多い、絵本の読み聞かせや紙芝居の指導案作成について学びましょう。

　部分実習は、短期の指導計画の日案の一部分にあたります。指導計画の基礎的なことをしっかりととらえ、一日の保育のうち、子どもたちと過ごす一部分を担うことを十分意識しましょう。そして、一日実習の指導案作成にもぜひ役立てていきましょう。

1 指導案を立案する際の流れを理解しましょう

　指導案を立てる際に重要なのは、計画の流れを考えることです。絵本や紙芝居の部分実習指導案の立案においても同様です。「はい、絵本を読みます！」「紙芝居だよ。はい、見ててね」と子どもたちを前に、すぐに絵本の読み聞かせや紙芝居をおこなうとどうでしょう。子どもたちは、絵本や紙芝居を見たいという気持ちにすぐになれるでしょうか？

　落語でも、話の本筋に入る前に演目にかかわりのある「枕」と呼ばれる小話が語られます。この「枕」で笑わせることで、聴衆をリラックスさせたり、聴衆の意識を物語の現場に引きつけたりする効果が得られ、話の本筋にスムーズに入っていくことができるのです。

　保育現場でも、絵本の読み聞かせや紙芝居を行うときには、子どもたちがリラックスして、楽しく見たり、聞いたりすることができるように、導入方法を考えていく必要があります。

　「導入」から「展開」へ、そして「まとめ」という計画の流れを作っていきましょう。

（1）「導入」について考えましょう

　絵本や紙芝居に集中する雰囲気を作るためには、どのような「導入」の方法があるのか書き出してみましょう。

（2）「展開」について考えましょう

　絵本を読む、紙芝居を演じる際には、どのようなことを配慮して「展開」するのか書き出してみましょう。

（3）「まとめ」について考えましょう

　余韻を味わいましょう。絵本の後ろ見返しや裏表紙もゆっくり味わう、気持ちのゆとりを持ちましょう。裏表紙を見せることも、物語を閉じる重要な要素となります。

　子どもたちは、物語の世界から様々なことを感じ取ります。見終わった後は、しばらくの間その余韻を味わい、その後「どうだったかな？」と子どもたちからの素直な感想を聞いたり、保育者から物語に関しての振り返りをさりげなく話したりしてみましょう。

2　絵本・紙芝居の部分実習指導案を立案する前に考えましょう

　絵本・紙芝居の部分実習指導案を立案する際には、次の2点をおさえる必要があります。

❶**子どもの実態（姿）に即した保育のねらいと活動内容を考える**

　子どもの**年齢**や**発達段階**を考えましょう。

　そのときの興味・関心を示していることや**保育場面**、**季節**など考えて選びましょう。

❷**活動を行う際の環境構成を考える**

　保育活動のうち、いつの**時間帯**に設定し、どの**場所**でおこなうのか考えましょう。

　活動にあたり、どのくらいの**時間配分**があるのか確認しましょう。

3 実際に部分実習指導案（例）を作成しましょう

（1）指導案作成のポイントを具体例から学びましょう

指導案作成のポイントについて学びながら、次の「部分実習指導案（例）」（以下、例とします）を作成していきましょう。先の２、３章での実践を通して学んだことが、これらのポイントとつながっていることにも気づくでしょう。

❶子どもの実態

「子どもの実態」とは、子どもが、人やもの、場などとどのようにかかわっているかを示すものです。

指導案を立てる際には、そのときの「子どもの実態」を把握することが重要です。「子どもの実態」をとらえていなければ、以降の「❷ねらい」などを作成することはできませんし、計画性のない保育実践となってしまいます。

具体的には、次のような観点から「子どもの実態」を考えることになります。また、子どもの生活は流れているものですから、過去形ではなく現在進行形で書きましょう。

- ・前日までどのような遊びをしていたのか
- ・クラスの様子はどうか
- ・子どもの興味や関心は何か
- ・園の行事に向けてどのような活動をしているか

この例では、外遊びでだんご虫を探している姿などをとらえています。そのほか、上記の観点から想像できる４歳児の発達段階や行動の特徴をふまえ、２点ほど書いてみましょう。

❷ねらい

ここでは、「ねらい」（〔幼稚園教育において（保育を通じて）育みたい資質・能力を幼児（子ども）の生活する姿から捉えたもの〕）を記入します。子どもの発達の方向性を示すものですから、子どもを主体とした文脈にする必要があります。

次のような観点から、「子ども」が主語となる「ねらい」を考えましょう。

- （提供する活動を通じて）
- ・子どもの何が育つのか
- ・子どもにどのように感じてもらいたいのか

例では、「子どもの実態」に即して、紙芝居の演目を決めています。上記の観点は、「絵本・紙芝居選択カード」の選択理由で考えた「この絵本や紙芝居を見て、どのようなことを子どもたちに感じてもらいたいか」「あなた自身の願いがこの紙芝居を導入したねらいにつながる」と同様のことです。

部分実習指導案（例）

提出：　　　年　　　月　　　日

6 月 △ 日（□ 曜日）	学籍番号	実習生氏名	印
クラス名　たんぽぽ　組　4　歳児	幼児数	男児　13　名・女児　12　名　計　25名	

子どもの実態
- 外遊びではだんご虫やアリなどの虫を探す姿が多く見られる。
- 気のあう友だちを誘って遊びはじめる姿が多い。
- 絵本や紙芝居の内容などの反応が素直で、問いかけに対して大きな声で応える子どももいる。

ねらい	・紙芝居の世界のおもしろさを友だちと一緒に感じる。 ・この季節に見られる生き物に親しみを持つ。	活動名	・手遊び「キャベツの中から」 ・紙芝居『だんごむしのころちゃん』 　高家博成 脚本・仲川道子 画 /童心社

時間	環境構成	子どもの活動	保育者の援助（○）と配慮（◆）
13：00	保育室 （図：ピアノ、ロッカー、保、子、入口） ・ピアノの前にイスを並べる。 ・子どもは、1列目は床に、2列目はイスに座る。 ・保育者は、子どもから見える場所にイスを置き、座る。	○片付けが終わった子どもから手洗い、うがいをする。 ・その後、保育室のピアノの前に集まる。	○片付けが終わった子どもに、トイレや手洗いを促す。 ◆次の動きを促し、スムーズに活動が進むようにする。 ○準備のできた子どもから座るように伝える。 ◆座っている子どもの姿を具体的に認めながら、まだ座っていない子どもにも声かけをしていく。
13：05	〈用意するもの〉 ・紙芝居 ※紙芝居の舞台がある場合は、舞台を使用する。	（導入） ○手遊びをする。 ・保育者の話を聞き、一緒に手遊びをする。	○歌を歌いながら手遊びをする。 ◆後ろに座っている子どもにも見えるように動作を大きくする。 ◆明るく、楽しい雰囲気でおこなうようにする。
13：10		（展開） ○紙芝居を見る。 ・場面によって、隣の友だちと話す姿がある。 ・保育者の問いかけに積極的に応える姿がある。	○紙芝居を演じる。 ◆画面がずれないように持つ。 ◆話し方の間やテンポを気をつけて読む。 ◆聞き取りやすいように、はっきりと落ち着いた声で読む。 ◆ダンゴムシの"ころちゃん"が泣くところは、情感を込めて話す。
13：20		（まとめ） ○話を聞く。 ・友だちと気づいたことや感じたことを楽しく話をしている ・自分の感想を保育者に話し、満足そうにしている姿もある。	○話の余韻を味わう声かけをする。 ◆友だちと面白かった場面を話し、楽しい気持ちを一緒に味わえるようにする。 ◆子どもからの感想を受け止め、共感する。

❸活動名

ここには、取り組む活動名を示すことになります。例のように、「❶子どもの実態」と「❷ねらい」に即した活動でなくてはなりません。

メインとなる活動の導入に、歌や手遊びなどを取り入れるようでしたら、その活動名も一緒に書いておきましょう。また、絵本や紙芝居でしたら、作者と出版社名なども記入し、次のような書式にそろえましょう。

> ・絵本『〇〇〇』作者/出版社　　・手遊び「〇〇〇」
> ・紙芝居『〇〇〇』作者/出版社　　・歌「〇〇〇〇」

❹時間

ここでは、計画した活動について、どのくらいの時間がかかるのかを想定しながら、時間配分を示すことになります。この時間配分に沿って、「❻子どもの活動」のうちの導入、展開、まとめという計画の流れを作りましょう。

また、配分した時間と、「❺環境構成」「❻子どもの活動」「❼保育者の援助と配慮」のそれぞれの列に書き込む文章の行頭が横一列に並ぶように整えましょう。

❺環境構成

ここには、活動をする際に必要な環境を書きます。まず、保育室内の環境（机、イスなど）を図で描きましょう。図は、定規を使ってていねいに描きます。

環境図の下には、その環境図がどのような状態なのかを説明書きします。また、必要な教材（導入の際の教材や展開時に必要なもの）も環境に含まれる要素です。もれなく記入しましょう。

❻子どもの活動

ここには、子どもの予想される動き（姿）を書きます。予想することで、保育者がどのように配慮するべきか（次の「❼保育者の援助と配慮」）が明確になります。

それでは、紙芝居を見ている間の予想される子どもの動き（姿）を予想して具体的に記入しましょう。

❼保育者の援助と配慮

保育者の援助は、子どもの姿を導く、保育者の動きです。その保育者の動きをする際に、気をつけること、心に留めておきたい保育者の心情を示したものが配慮になります。

前述したように、この「保育者の援助と配慮」は、「❻子どもの活動」とリンクしています。「❻」で予想した子どもの動き（姿）に応じた保育者の働きかけを記入します。さらに、この働きかけによって、子どもたちがどのような反応を示すのかを想像し、その姿から新たな援助と配慮を考えていきましょう。

援助と配慮の区別をつけるのは難しいと思います。あなた自身がどのように動くのか

を考え、動きだけだったら「援助」とし、動くときにどのような気持ちで動くのか、動きについてくる心情を「配慮」として書いていきましょう。

　特に、この例は紙芝居の部分実習指導案ですから、紙芝居を演じるために気をつけることを具体的に記入する必要があります。ここがこの立案で大切なところになります。

（２）「絵本・紙芝居の部分実習指導案」を作成しましょう

●部分実習指導案の作成

　実際の教育・保育実習では、どの年齢のクラスに配属されるかなど様々です。

　ここでは、あなたが選んだ絵本、もしくは紙芝居の内容をもとに、対象年齢や子どもの実態を想定して、ねらいなどを考えてみましょう。時間や環境構成なども設定して、巻末資料「絵本・紙芝居の部分実習指導案」を作成しましょう。記入にあたっての留意点などのポイントは、前項で学んだ通りです。

　提出にあたっては、実習生氏名の欄に必ず記名と押印をしてください。このことは、この指導案は私が作ったものという証明となります。これから社会に出ると、自分が作成した書類等に記名押印が必要になる機会が増えることを覚えておきましょう。

●部分実習指導案の発表

　「絵本・紙芝居の部分実習指導案」を立案した後、グループに分かれて発表をします。

　発表後、あなたが計画した活動の内容について、対象年齢や子どもの実態、ねらいなどの各項目が適切に書かれているかどうか、グループメンバーと意見を交換し合いましょう。

　指導案の立案は一筋縄にはいきません。指導案の重要性や教育・保育実習における保育実践の難しさを理解しましょう。

5章 ペープサート

ここでは、ペープサートについて学びます。

教育・保育実習では、絵本や紙芝居を読むだけでなく、自分で作成したペープサートなどを使っての実践もしましょう。自ら作ったものは、保育教材として長く使うことができます。保育の幅を広げるためにも、あなたらしさを表現できる様々な保育教材を作っていきましょう。

1 ペープサートとは何でしょう

ペープサートは、Paper Puppet Theater（ペーパー・パペット・シアター、紙人形劇）という言葉から創られた造語です。

源流は、明治期から大正期まで街頭で演じられた「立絵紙芝居」です。絵を描いた紙に棒をつけて演じられた紙人形劇があげられます。この立絵紙芝居は、「平絵紙芝居」が出現すると急速に衰退していきました。そして、平絵紙芝居の教育・教化が図られ、教育紙芝居の制作や普及が進む一方、1947（昭和22）年頃に、永柴孝堂（児童文化研究家）が立絵紙芝居を「ペープサート」という名称に変え、改良を重ね、保育現場で活用しはじめました。それ以降、日本独自の発展の歴史をもつ児童文化財となっています。

絵を描いた紙に持ち手となる棒をはりつけたものを絵人形と呼び、現在では、この絵人形を用いた劇などの作品や種目を総称してペープサートと呼んでいます。

2 ペープサートの特長を学びましょう

ペープサートは、保育現場で多く使われています。どうして保育者や子どもたちに多く使われているのでしょう。ペープサートの特長をあげ考えてみましょう。

3 ペープサートの種類を学びましょう

ペープサートの種類は様々です。裏と表の変化を楽しむ、脚本のない即興の作品や物語を脚本化したもの、歌の登場人物などを表現したもの、表になぞなぞ、裏に答えを絵で示すものなど、裏表の効果を存分に使い、多種多様な世界を表現することができます。

4 ペープサートの絵人形を描いてみましょう

　では、実際に絵を描いてみましょう。ここでは、ペープサートの絵人形の形態をあわせて紹介します。先ほど、ペープサートの種類を学んだあなたは、それぞれの絵人形をどのようなペープサートに用いるか想像できることでしょう。

●**基本人形**：表裏の絵が対称に描かれている絵人形です。右向きの絵の裏は左向きの絵になります。

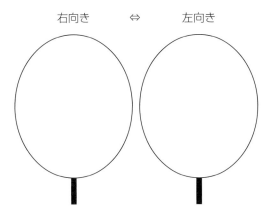

●**活動人形**：表裏の絵が異なる絵人形です。裏表の変化が大きく感じられます。

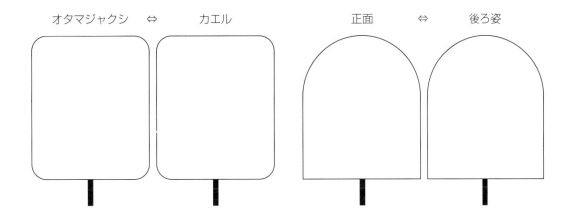

●**景画**：片面に背景や大道具、小道具などを描いたものです。

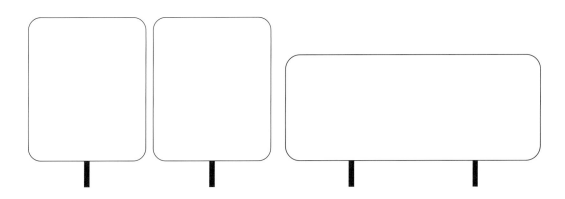

- **活動景画**：表と裏の絵が異なる景色の絵です。場面転換などに使われます。

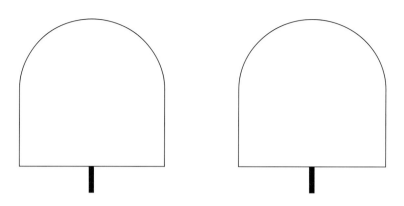

- **そのほか**：巻き込み型（巻物のように画面を丸め、少しずつ広げていきます）

5　ペープサートの舞台の作り方を学びましょう

（1）舞台を作りましょう

大きめのダンボール板、色画用紙、色模造紙などを用意して早速作ってみましょう。

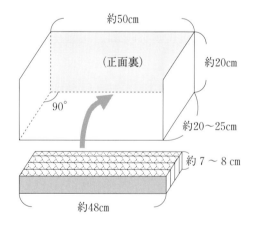

1. ダンボール板の3辺が立ち上がった形状にします。幅50cm、奥行きは20～25cm、高さは20cmほどがよいでしょう。

2. 幅48cm、高さ7～8cmほどの細長いダンボール板を3～5枚重ね合わせます。
   ダンボール板の断面を上にして、正面裏部分にとりつけます。

3. 舞台の正面、側面に色画用紙や色模造紙をはれば、オリジナルの舞台のできあがり！

・ダンボール板のサイズは、演目や扱いやすさに応じて調整しましょう。ダンボール箱をそのまま利用するのもよいでしょう。

・絵人形の大きさによっては、舞台の後ろ部分に重しを置くとよいでしょう（絵人形が重いと、舞台が前に倒れることがあります）。
・ダンボール板の断面を上にし、波状になっている「中芯」を利用して、絵人形の持ち手の棒をさします。絵人形が安定するように持ち手の下の棒の太さを調整しましょう。また、さしやすいように棒の先を削っておくとよいでしょう。ダンボールによっては、「中芯」の波状の大きさが違います。波状が大きいもののほうが棒をさしやすいです。

ペープサートには専用の舞台も市販されていますが、様々な素材で手軽に作ることができます。そして、色画用紙や色模造紙などで装飾すれば、オリジナルの舞台ができあがります。演じる内容によっては、舞台に草、岩、花などつけるとよいでしょう。

例

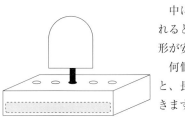

ティッシュ箱を利用した舞台　　中に油粘土を入れるとさした絵人形が安定します。何個かつなげると、長い舞台ができます。

紙袋を利用した舞台　　紙袋の高さを調整して、中には発泡スチロールのトレーに油粘土を盛ったものを入れます。

（2）必要に応じて舞台を活用しましょう

　ペープサートの演じる内容によっては、舞台を使うもの、舞台を必要としないものがあります。自分の作ったペープサートを演じるには、どのような環境がよいのか考え、必要に応じて舞台を準備しましょう。例えば、物語を演じる場合には、登場人物や背景の絵人形を固定することのできる舞台があると便利で、演じ方の幅が広がります。

　舞台を使用する場合は、机の上に置いて使います。机には布をかけるとより舞台が映えるでしょう。

6　ペープサートを作りましょう

　ペープサートのおもしろさは、絵人形の動きと絵の表裏の変化で演出するところにあります。裏返すことで、顔の表情や体の動きが変化する活動人形を作り、実際に絵人形を動かしてみましょう。

（1）ペープサート「うさぎのいないいないばあ」を作りましょう

　次の作り方にしたがって早速作ってみましょう。

1. 巻末資料「うさぎのいないいないばあ」を画用紙にコピーして、色鉛筆や水性ペンで色を塗ります。

2．色が塗れたら外枠の線に沿って切り取ります。片面の絵の裏中央に持ち手となる平棒を置き、セロハンテープでしっかりと固定します。

　※　丸棒より平棒のほうが裏返しやすく、表裏の面でピタッと絵人形を止めて見せることができます。

3．セロハンテープがはってある部分以外にしっかりと糊（でんぷん糊がよい）を塗り、もう1枚の絵をはりあわせると完成です。

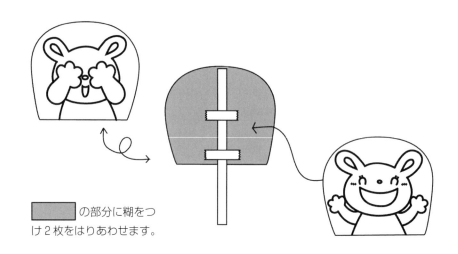

■の部分に糊をつけ2枚をはりあわせます。

（2）ペープサート「うさぎのいないいないばあ」を演じましょう

絵人形ができたら次は演じる練習をしましょう。子どもたちが集中して楽しく見聞きするためには、次の環境構成や演じ方のポイントをしっかりと知っておくことが大切です。くり返し練習する中で、絵人形の動かし方や表裏を返すタイミング、子どもへの語りかけ方や言葉のやりとりの仕方などを学びとっていきましょう。

なお、ペープサートには、面包（顔を黒い布で覆う袋状のもの。人形劇でも用いられる）をかぶって演者が黒子になって演じる方法や舞台の裏に姿を隠しながら演じる方法もありますが、ここでは、保育の流れの中で取り入れやすい方法として、面包をかぶらずに、子どもたちの表情を見ながら言葉のやりとりをしてお話を進める方法を紹介します。

❶子どもたちの座る場所を準備する

　絵人形がよく見える位置にじゅうたんを敷いたりイスを並べたりして、子どもたちが落ち着いて見聞きできる場を確保しましょう。

❷演じ手の背景にはできるだけものを置かない

　演じ手の背景に遊具や本棚などがあると、子どもたちの意識が散漫となり、絵人形の動きや話の内容に集中しにくくなります。子どもたちの視線が向く方向にはできるだけものを置かないようにしましょう。

❸子どもに見やすい位置（高さ）で演じる

　子どもたちがイスに座っている場合は演じ手が立ち、じゅうたんに座っている場合は

演じ手がイスに座るなど、子どもたちに見やすい位置（高さ）で保持して演じるようにしましょう。

❹子どもたちみんなに聞こえる大きさの声で演じる

　口を大きくはっきり動かし、子どもたち全員に聞こえる声で語りかけましょう。

❺絵がしっかりと見えるように持ち、指先をずらして表裏を返す

　まずは、絵人形の棒を親指と人差し指、中指で、つまむように持ち、そのほかの指は添える程度にします。このとき、絵人形がグラグラせず、しっかりと垂直に保持できているかを確認しましょう。

　「ぴょんぴょんぴょん」とうさぎの動きを表現したいときは左右や上下に絵人形を揺らしてもよいですが、演じている間中ずっと絵人形がゆらゆら揺れていたり、左右の動きが早すぎたりすると、絵が振れて見えづらくなりますので、固定するときと動かすときのメリハリをつけて演じるようにしましょう。

　また、絵人形の表裏を返すときは指先をずらし、さっと絵が転換できるよう事前にしっかりと練習しておきましょう。なお、鏡の前で演じてみると、絵人形の角度や自分の表情がどのように見えているかをチェックすることができます。

❻子どもたちの表情を見ながら表情豊かに語りかけ、声の大きさやテンポに配慮する

　覚えたセリフを忘れないうちにと思うと、ついつい棒読みになったり早口になったりしがちです。子どもたちへの語りかけは、言葉だけでなく、表情やテンポがとても大切です。明るくやさしい笑顔を心がけ、子どもたち一人ひとりに語りかける気持ちで表情豊かに演じましょう。

❼子どもたちとの言葉のやりとりを楽しみ、裏返すタイミングを大切に演じる

　はじめはゆったりと、「いないいな〜い、いないいな〜い、誰かな？」と語りかけ、子どもたちの興味関心を引きつけます。場合によっては「長い耳をしているね。誰かな？」などと言葉を加えてもよいでしょう。子どもたちが目を輝かせ「うさぎ！」と答えたら、「本当かな？　見てみようね。」「いないいな〜い、ばあ！」と裏返します。

❽子どもたちの言葉を受けとめながら遊びを展開していく

絵人形を裏返した後は、「当たり！ うさぎさんでしたね」と子どもたちを受けとめる言葉がけも忘れずに。

そして、「ぴょんぴょんぴょん、こんにちは。私はうさぎのぴょんちゃんです。みんなと仲良くなりたいな。どうぞよろしくぴょん」とあいさつをしたり、「私は歌が大好き。みんなの好きな歌はなあに？ 一緒に歌を歌いましょう〜♪」と歌ったりしてもよいでしょう。絵人形を使ってどんどん子どもたちに語りかけ、遊びを展開していきましょう。

❾子どもの年齢や発達段階を考慮して語りかけ方を工夫する

年少児には「チラッ」と絵人形の裏の絵を見せてから「誰かな？」と問いかけたり、鳴き声や動きなどのヒントも伝えたりしながら、分かりやすく安心して応えられる雰囲気を作ります。

一方、年長児には、「動物園の遠足で見た動物ですよ」「冬になると毛の色が変わって〜、抱っこするとあったかくて〜、人参が大好きな動物」など、少し難しいヒントを出して、しっかりと話を聞いてから答える楽しさを味わえるようにするとよいでしょう。

❿絵人形を作り足して遊びを広げる

うさぎのペープサートで絵人形の動かし方や語りかけ方を練習したら、もっといろいろな動物の絵人形も作り足して作品の楽しさを広げていきましょう。

例えば、ぞうのように大きな動物のときは大きな声でゆっくりと、「いな〜いいな〜い、パオ〜ン」、ねずみのように小さな動物のときには小さな声で早口に「いないいない、チュ〜」と問いかけるなど、語りかけ方に変化をつけると楽しいでしょう。

7 オリジナルの作品を作りましょう

（1）応用例を参考にしていろいろな作品を作りましょう

ペープサートは、保育者のみならず、子どもも簡単に作り演じることができるため、様々なコミュニケーションのツールや表現遊びに活用しやすい技法です。

「いないいないばあ」の作品で演じ方を練習したら、好きな絵を描いてオリジナル作品も作ってみましょう。絵の描き方や作り方の留意点と応用例を紹介します。

- 遠くからも見やすいようにアウトラインは黒の油性フェルトペンでしっかりと描きます。
- 下絵を使わない場合は、まず画用紙に鉛筆で下書きをしてから色を塗り、黒のフェルトペンでアウトラインを描きます。
- 1枚の絵を描いたら外枠を大きめにとっていったん切り取り、もう1枚の画用紙に外枠を写し取り、その中に絵を描くと2枚の絵をぴったりとはりあわせることができます。
  - ※ 前項で学んだ「うさぎのいないいないばあ」の作り方を参考にしましょう。

応用例1：あいさつ遊び

裏面が「おじぎをしているくま」「手をあげているくま」の活動人形を使います。表裏の絵の変化を活かして、あいさつや返事などの生活習慣を楽しく身につけることができます。

①「こんにちは」「ありがとう」「ごめんなさい」

（表）　（裏）

保育者：「こんなときは何て言ったらいいのかな？」
子ども：「ごめんなさい」
保育者：「そうね、くまくん上手に言えてすてきね」

②お返事「は〜い」

（表）　（裏）

保育者：「くまちゃん」「あれ？　聞こえないのかな？」
子ども：「く〜まちゃん」
保育者：「は〜い」「わあ、くまちゃん、お手々がぴーんと伸びて、元気ないいお返事ね。みんなもできるかな？」

応用例2：クイズ遊び

表面に「ヒント」、裏面に「答え」を描いた活動人形を使います。お誕生会や季節の行事など、子どもたちにお楽しみの場を提供する機会や、保育活動の様々な場面で活用できます。

③「だれかな？」

（表）　（裏）

保育者：「後ろを向いてるお友だちはだ〜れかな？」
子ども：「くま〜！」
保育者：「当たり！　くまさんでした〜」

④「なにかな？」

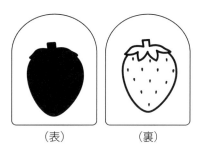
（表）　（裏）

保育者：「赤くて三角、甘酸っぱい果物はなあに？」
子ども：「いちご！」
保育者：「当たり〜！　どんな味かな？　みんなもどうぞ。
　　　　いちごパックン！　あ〜おいしい！」

応用例３：じゃんけん遊び
「じゃんけんマーク」を描いた片面のみの絵人形を使います。日常の保育やみんなが集まる機会のゲームや遊びとして使うことができます。

⑤「じゃんけん遊び」

保育者：「じゃんけんしましょう」
全員で：「じゃんけんポン！」

（２）オリジナルのペープサートを作って発表しましょう

　これまでの学びを活かして、オリジナルのペープサートを作ってみましょう。
　表裏の絵の変化を効果的に使った「絵人形」と、子どもたちとの言葉のやりとりを楽しみながら進める「シナリオ」の案を考え、書いてみましょう。
　オリジナルのペープサート案が完成したら、グループに分かれて発表しましょう。
　発表後は、グループのメンバーからアドバイスをもらいましょう。また自分で演じてみた感想や課題についても記録しておきましょう。

人形遊び

ここでは、人形遊びについて学びます。

保育現場の3歳児や未就園児には、人形を使った保育の展開が多く見られます。保育現場での基本的な生活習慣について、人形を用いて示すことで、子どもに伝えやすく、また伝わりやすくなります。保育者が演じる人形遊びを見て、子どもたちは人形を友だちとして意識するようになります。

人形を使うことは、保育者の演じ方がもっとも左右されるものだと思います。

市販されている人形も多くありますが、高価であることも少なくありません。人形を自分で作るのはハードルが高く、難しいように思うかもしれませんが、ぜひ作ってみることをお勧めします。工夫すれば、どんな材料でも人形を作ることができるのです。きっと、愛着がわき、みなさんのこれからの保育に役立つことでしょう。

1 人形とは何でしょう

人形とは、人間や動物、または空想の生き物などの姿に似せて作られたものです。人類が地球上に誕生して以来、様々なもので人形は作られてきました。それは、宗教的に必要なものであったり、まじないなどに使われるものであったりしました。中世以降、鑑賞用や美術品としても発展し、現在では、玩具としての人形、土産物としての人形など、様々な分野の人形が存在します。その人形を使った人形劇は世界各国に存在し、古くは主に宗教的なものでありましたが、中世以降、娯楽的なものが普及しはじめました。

日本では、伝統的な人形劇として文楽があげられますが、ヨーロッパの人形劇が明治中期以降に伝えられ、子どものための人形劇として発展してきました。現在の保育現場では、人形劇は「人形遊び」として、保育者や子どもたちに親しまれています。

一口に人形遊びといっても、「doll」「puppet」(パペット)と表記できるように、鑑賞用のものと実用のものとに大きく区別することができます。

doll	
puppet	

2 人形（puppet パペット）の種類について学びましょう

　保育現場では、動かして遊ぶ人形が多く用いられています。ここでは、puppet（パペット）の種類を紹介します。

●ロッド・パペット（棒使い人形）
　人形の頭や胴体、手などに棒がついたもので、棒を使って動かす人形のことです。

人形：東京家政大学・川合沙弥香氏

●ハンド・パペット（手使い人形）
　人形を手にはめて操る人形のことです。

●マリオネット（糸操り人形）
　糸をつるして操る人形のことです。日本にはじめて紹介された明治期のヨーロッパの人形も操り人形でした。
　棒につけた糸を操るものや糸そのものを持って操るものなどがあります。写真のマリオネットは、手袋についた糸を操って人形を動かします。みなさんが知っているピノッキオも操り人形でしたね。

●文楽（抱えづかい人形）
　子どもを対象とした演劇公演などでは、抱えづかい人形を見ることがあります。抱えづかい人形とは、文楽スタイルの3人づかい人形などのように、人形の後ろから抱え、操る人形のことです。日本の文楽をもとに発達した構造の人形であり、欧米では文楽スタイルと呼ばれることが多いようです。

なお文楽とは、三味線の伴奏で義太夫（語り）にあわせて演じる日本固有の伝統芸能の人形劇、人形浄瑠璃の代名詞です。1体の人形を「3人づかい」で操作します。

300年の歴史を誇る真桑文楽／岐阜県本巣市観光協会提供

3 保育現場で実践される人形遊び

保育現場でおこなわれる人形遊びによって、子ども同士のコミュニケーションが深められたり、保育者の気持ちが子どもたちに伝わりやすくなったりします。

人形を使う方法は様々です。次の内容を参考にしてみましょう。

❶子どもの自由な活動としての遊び

保育室の中のままごとコーナーなどに人形を置いておくと、自然と人形を使ってのごっこ遊びがはじまります。おうちごっこでは、人形を赤ちゃんにして、抱いたり、ふとんに寝かしたりします。そして、動物の人形はペットになります。また、お互いに手にはめた人形になりきって、やりとりを楽しむ光景も見られます。

❷保育活動の一つとしての遊び

自由な活動の中で、人形で遊ぶ子どもたちの姿が多く見られる場合、より子どもたちが人形を用いて演じる体験を味わうことができるように、保育者が人形を使った遊びやストーリーを設定することがあります。

簡単な人形（牛乳の紙パック等の素材で作るようなもの）を子どもと一緒に作り、音楽にあわせて動かしたり、コミュニケーションをとったりします。また、時には保育者が人形劇を演じて、子どもたちが再演する場合もあります。

4 身近なもので作成できる人形遊びの様々なスタイル

●スティック・パペット

割りばしなどの1本の棒に、絵やものをつけて操るもっとも手軽に作れるものです。写真のスティック・パペットは、棒を動かすことで、人形が筒に隠れたり、筒からあらわれたりします。また左右に動かすと、より動きが出ます。ペープサートもスティック・パペットの種類に入るといえるでしょう。また1本の棒に、顔などをつけた箱やスポンジなどをつけても作ることができます。

●ハンド・パペット

　保育現場で多く見られるパペットの種類です。低年齢の幼児でも、小さいハンド・パペットを手にはめて楽しむことができます。手袋で作るハンド・パペットもあります。

●フィンガー・パペット

　1本1本の指にはめて操る小さなもので、指人形ともいいます。写真のフィンガー・パペットは、桃太郎の話になっています。そのほか、手遊びの際に使えそうな動物などのパペットもあります。

●ソックス・パペット

　靴下を素材にしたものです。写真のソックス・パペットのヘビは、かかと部分とつま先部分をうまく使って、ヘビの口をあらわしてあります。フェルト等で赤い舌をつけると、よりヘビらしくなります。

●ジャンク・パペット

　牛乳などの紙パックやプリンカップ等の廃材を素材にして作ったものです。写真は、紙パックを使ったカエルです。首には、割りピンをつけて動くようにしてあります。そのほか、紙皿や紙袋を使ったものなど、目や口などを工夫してつけることで、パペットとして使うことができます。

実践例4　人形を作りましょう

早速、人形作りにチャレンジしてみましょう。

ここでは、牛乳などの飲み物の紙パックと軍手を使った人形作りを紹介します。

(1)紙パックで「犬のおまわりさん」を作りましょう

紙パックを使って、口をパクパクさせてお話をすることのできる「ぱくぱく人形」を作りましょう。

この作り方を覚えれば、例えば、カエルの親子やカラスなど、様々な人形を作ることができます。手遊びやお話を語るときの教材として、いろいろな保育場面で登場させてみてください。

●ぱくぱく人形の作り方

(材料と留意点)

紙パック

- 1ℓサイズの紙パックが扱いやすいです。ここでは「ぱくぱく人形」を2体作るので2本用意します（紙パックは、切り開かずにそのまま洗ってきれいにしてから乾かしておきましょう。乾いていないと、きれいに切ることができません）。

はさみ、黒の油性フェルトペン、色鉛筆、糊など

- 対角線上に2か所の切り込みを入れますが、1か所は、紙パックのつなぎ目のか所を切るとよいでしょう。
- 切り開いた紙パックに絵をはりつけます。白い紙に描いたイラストをはると紙パックの模様が隠れます。色画用紙を使ってもよいです。遠目に見て、はっきりと分かるようにイラストにはアウトラインを引きます。
- 人形の体の部位や小道具を作成して、糊ではってもよいでしょう。
- 糊は、スティック糊やでんぷん糊を使いましょう。水糊は使わないでください。

(作り方)

1. 次のように切り込みを入れます。

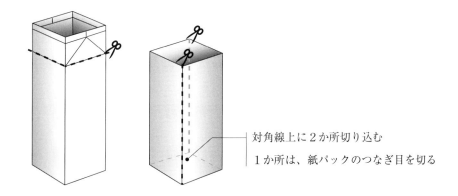

対角線上に2か所切り込む
1か所は、紙パックのつなぎ目を切る

2．次のように開き、口の部分を折り込みます。本体の完成です！

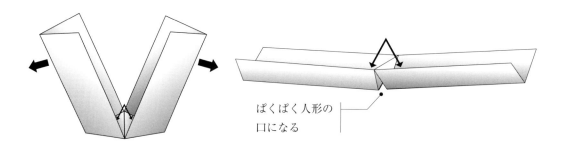

ぱくぱく人形の口になる

3．巻末資料「犬のおまわりさん」「泣いている子猫」をＡ３の用紙に拡大コピーし、顔と口と胴体に色を塗ります。

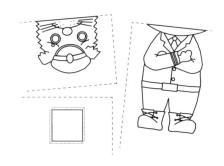

4．点線に沿って切り分けましょう。子猫やおまわりさんの形に切ってしまわないよう注意してください（余白は紙パックの模様を隠す役目になります）。

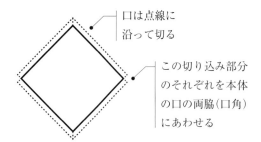

口は点線に沿って切る

この切り込み部分のそれぞれを本体の口の両脇（口角）にあわせる

5．口のイラストはアウトラインの外にある点線に沿って切ります。

　口の切り込み部分と、本体の口の両脇（口角）をあわせて糊ではります。周りを折って本体の脇にはります（口のアウトラインから点線部分までが糊しろになります）。本体の口を少し曲げてはると、ぱくぱく人形の口を動かしたときに破れにくいです。

6．イラストの顔の両端をあわせて半分に折ります（折り目がちょうど鼻筋のようになります）。イラストの顔の折り目と口のライン、本体の中心の折り目と口のラインをそれぞれあわせて糊ではりつけます。鼻筋から顔の横までしっかり伸ばして、余った紙は本体の紙パックの切り口を包み込んで裏側に糊ではります。そうすれば、ぱくぱく人形の側面がきれいになります。

7．同様に、胴体のイラストもまず両端をあわせて半分に折り、本体の折り目と口のラインにあわせて、側面を包み込むようにはりつけましょう。

8．最後に、頭と足先を本体の紙パックごと丸く切ります。何かに当たった際などに、ぱくぱく人形の角が反り返ってしまうのを防ぐためです。

できあがり！！

口にコインをはりつけると「コツコツ」おしゃべりします。

『犬のおまわりさん*1』の歌を歌うときだけに使うのではなく、朝の会やお弁当の時間など、ちょっとしたときに登場する、クラスのお友だちとして、登場させてあげてください。きっと人気者になるでしょう。

*1 日本の童謡。佐藤義美作詞、大中恩作曲

（2）軍手でわらべ歌「ひとやまこえて」をしてみましょう

カラー軍手をつけてキツネとタヌキを表現します。簡単なわらべ歌ですが、子どもたちと一緒になってどんなごちそうを食べたいか、話し合いながら遊んでみましょう。

右手に黄色い手袋をはめてキツネの形を作ります。

グーの形から小指と人差し指をピンッと伸ばして耳にします。中指と薬指と親指の先をつけて鼻と口にします。

左手に茶色い手袋をはめてタヌキの形を作ります。

グーの形から小指と人差し指を少し持ち上げて耳にします。

「これは、タヌキさんです」

〔左手のタヌキをはじめから子どもたちに見えるように出しておく〕

「キツネさんが山を越えながらタヌキさんのところにやってきますよー」

〔右手のキツネを子どもたちに見せた後、背中に隠す。歌にあわせて右から左へ3つの山を越えるような動作などを交えながら登場させるとよい〕

ひとやまこえて　ふたやまこえて　みやまのたぬきさん（キツネ）

たんたんたぬきさん　あそぼじゃないか（キツネ）

いまはごはんのまっさいちゅう（タヌキ）

おかずはなあに（キツネ）

うめぼしこうこ（タヌキ）

ひとくちおくれ（キツネ）

いやいやしんぼ（タヌキ）

〔最後の「ぼ」で、左手（タヌキ）が右手（キツネ）を弾き飛ばす。右手（キツネ）は飛んで背中に隠れる〕

*2 藤田浩子編『おはなしおばさんのきいてきいて・おはなし会』（おはなしおばさんシリーズ６）一声社2002年　36頁

ひとやまこえて

わらべ唄

ひとやま こえて　ふたやま こえて　みやまの たぬきさん
たん たん たぬきさん　あそぼじゃ ないか　いまは ごはんの
まっ さいちゅう　おかずは なあに　うめぼし こうこ
ひとくち おくれ　いやいや しんぼ

「みなさんもこっちの手でタヌキさんを作ってみてください。そうそう、グーのままでもいいですよ。できる人は、小指と人差し指をちょっと上げてみてください」

「そう、耳のつもりです。こっちはキツネさん、人差し指と小指を伸ばして、中指と薬指と親指の先をつけます」

〔おかずは子どもたちに好きなものをリクエストしてもらい、言いかえてみてもよい。例えば、「ハンバーグとプリン」など〕

「では、キツネさんがタヌキさんのうちに出かけていきます」
〔子どもたちと一緒に、歌と動作を繰り返す〕

「キツネさんは飛ばされても飛ばされても、また行きますよ」
「もう一度やってみましょう」〔繰り返す〕

歌にあわせたタヌキやキツネの動作を様々に工夫してみましょう。子どもたちがまねできるような動きを交えながら、子どもたちと歌の世界や歌を通した言葉の楽しさ、そして人形遊びを楽しむことができるよう意識するとよいですね。3歳くらいから5、6歳まで遊べるわらべ歌です。

年長クラスでは、食べ物の組み合わせを話し合ってみましょう。

パネルシアター

ここでは、パネルシアターについて学びます。

子どもとコミュニケーションをとりながら進めるパネルシアターは、子どもの興味関心をひきやすく、様々な場面で活用しやすい便利な教材です。歌やお話、クイズ遊び等、保育に活かせる内容の作品が書籍等で数多く紹介されていますが、ここでは、教育・保育実習で活用しやすい自己紹介の方法を中心に紹介します。

自分のパネル板と作品を作り、演じる練習をする中で、明るい表情や声の出し方、子どもへの語りかけ方、やりとりの仕方を学んでいきましょう。

1 パネルシアターとは何でしょう

1973（昭和48）年に、古宇田亮順氏によって考案されたパネルシアターは、パネル板（パネル布という毛羽立ちのよい布を板にはった舞台）の上で、絵人形（Pペーパーという不織布に描いた絵）を**はったりはがしたり動かしたり**しながら演じるもので、簡単に作品を作り演じることができる上、子どもの興味関心をひきやすい児童文化財として保育現場で急速に広まりました。

保育者と子どもが対面し、言葉を交わし合いながら絵を動かして歌やお話を展開していくことから**コミュニケーション型教材**ともいわれ、対象年齢や子どもの興味関心にあわせて、**語りかけ方やセリフを自由に変化させる**ことができるのが特長です。パネル板にはることで、1人でたくさんの絵人形を同時に登場させて演じたり、両手を空けて手遊びやジェスチャーを交えながら子どもたちに語りかけたりすることもできます。

さらに、通常の白いパネル板で演じる作品に加え、黒いパネル板を用い、蛍光絵の具で描かれた絵にブラックライトを当てて絵を光らせる**ブラックパネルシアター**の技法も同年（1973年）に考案され、暗くした空間に美しく浮かびあがる幻想的な世界がパネルシアターの表現の幅をさらに広げました。

2 素材について学びましょう

（1）Pペーパー

絵人形に使うきめ細かく厚手の不織布のことです。

色とりどりの「カラーPペーパー」や仕掛け用の「黒いPペーパー」も市販されていますが、基本的には「白いPペーパー」を使い、絵の具やポスターカラー、水性ペンなどで絵を描いて絵人形を作ります。色を塗っても付着力は変わらず、表も裏もパネル板によくつきます。ただ、さわってみると、スベスベとした「表面」とザラザラとした「裏面」とが区別でき、「表面」のほうが絵の具の伸びがよいので、作品制作の際には「表面」に絵

を描くようにするとよいでしょう。

　また、Pペーパーは大変丈夫で保存性のよい素材です。作品は繰り返し使っても破れることはなく、折れてしまっても上から重しを載せておけば、すぐに元に戻るので、自分で手作りした作品は一生の財産となります。

（2）パネル布

　パネルシアター用の舞台（パネル板）に使用する毛羽立ちのよい不織布のことでPペーパーとの付着力に優れています。ネル地でも代用することができます。

　パネルシアターは想像力を働かせて観る世界ですので、基本的には青空も夕焼けも、白いパネル布（パネル板）で表現します。なお、ブラックパネルシアターの作品を演じるときは、黒いパネル布をはった黒いパネル板を使います。黒いパネル板は特別に購入しなくても、通常の白いパネル板の上に黒いパネル布（ネル地でも代用可）をかぶせて使えば大丈夫です。

3　パネル板の作り方を学びましょう

　平らな板（発泡スチロール、ダンボール板、ベニヤ板など）にパネル布をはれば、もうパネルシアター用の舞台（パネル板）のできあがりです。

　一般的な設置型のパネル板の大きさは縦80cm×横110cmですが、普段の保育の中で気軽に使いやすいパネル板として縦55cm×横80cmの大きさのものも市販されています。そのほか、手に持ったり、首から提げたりして使える小さなパネル板（40cm×55cm）もあります。小さなサイズは持ち運びが便利でいつでもさっと取り出して演じることができるので、自己紹介のほか、少ない絵人形で遊べる内容の作品のときはとても便利です。

　パネル板の大きさは、観客（子ども）の人数や会場の大きさ等によって使い分け、自分の使いやすいものを手作りするとよいでしょう。

（1）基本的なパネル板の作り方

　平らな板を板より少し大きめに切ったパネル布（ネル地でも代用可）で包み、パネル布がしわにならないように引っ張りながらガムテープで固定すれば完成です。

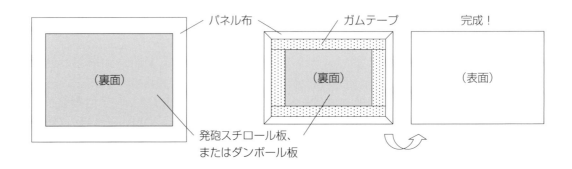

（2）便利な折りたたみ式のパネル板の作り方

　　平らな板を2つに切り、パネル布の上に置きます。パネル布の中央の上下部分を図のようにV字型に切り取ってから板を包みガムテープで固定します。パネル板を2つ折りにし、つなぎ目の部分にもガムテープをはります。

　　使用する際はパネル板が曲がらないよう、広げた状態で曲がる部分をガムテープかクリップで固定してから使いましょう。

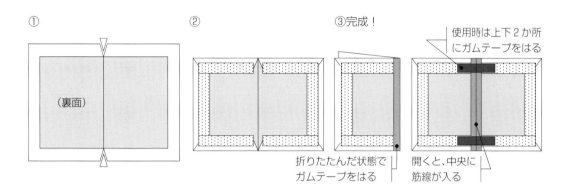

4　パネル板の使い方を学びましょう

（1）イーゼルに立てかけて使う場合

　　パネルシアター用のイーゼルにパネル板を乗せます。

　　背の高い床型のイーゼルの場合はそのまま、高さの低いイーゼルの場合は、机の上に置いて使用します。その際、イーゼルが転倒しないように、イーゼルと机をガムテープでしっかりと固定します。

　　また、パネル板の下に透けない生地の下幕をクリップでつけると、パネル板の裏の机の上に置いた絵人形を隠すことができ、劇場の雰囲気も盛り上がります。

　　なお、パネルシアター用のイーゼルはスチール製で安定感がよく、ブラックライトを取りつけられるフックがついています。ブラックパネルシアター以外を演じるときは画材用のイーゼルでも代用ができます。

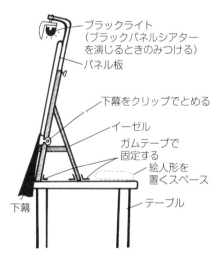

（2）積み木や机、イスなどに立てかけて使う場合

　　机の上に積み木、または横に倒した机を載せ、側面にパネル板を立てかけます。

　　この際もパネル板がずれたり倒れたりしないように、ガムテープでしっかりと固定しましょう。また、小さなパネル板の場合はイスの背もたれに立てかけて使うこともできます。

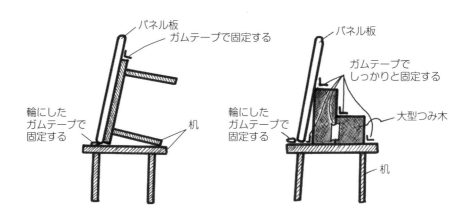

（3）クリップとひもを使って首に提げて使う場合

2つのクリップの穴にひもを通し結びます。小さなパネル板の上部にクリップをとめ、首に提げてからひもの長さをほどよく調節しましょう。

首に提げたパネル板は、設置型のパネル板と異なり、子どもたちの側に近づけたり離したり、パネル板ごと動かしたりすることができ（可動式）、演じ方の幅がぐっと広がります。時には子どもの側にパネル板を近づけて「どの絵がいい？」と選んでもらったり、絵に直接ふれて動かしてもらったりすることもできます。また、「飛行機がキーンと飛んでいます」などの表現の際には、飛行機の絵をはったパネル板ごと動かしたりしてもよいでしょう。

さらに、可動式の小さなパネル板は、対面式で演じやすいだけでなく、子どもが自分で好きな場所に持ち運んで、絵あわせ遊びやお話作りをしたり、子ども同士や親子で遊んだりすることもできます。

5 絵人形の作り方

（1）作品を選びましょう

子どもの年齢や発達段階、興味や関心、季節など保育の流れから子どもたちに見せたい作品を選びます。

歌やお話、クイズなど、様々な種類があるので、図書館や書店にある作品集の中から自分で演じやすいものを探してみましょう。

（2）絵人形を作りましょう

● Pペーパーに下絵を写す

Pペーパーは透過性があるため、作品集やイラスト集の下絵の上にPペーパーを重ねれば、下絵を簡単に写し取ることができます。Pペーパーの表面（スベスベしているほう）を上にして、鉛筆で下絵の線を写し取りましょう。

Ｐペーパーは消しゴムを使うと表面が毛羽立ってしまうので使わないようにしましょう。ですから、自分で好きなように絵を描いて作る場合も、まずは別の紙に下絵を描いてからＰペーパーに写すようにするとよいでしょう。

　また、プリンターの手差し機能を使って、Ｐペーパーに下絵を直接印刷することもできます。

● 色を塗る

　絵の具、ポスターカラー、アクリル絵の具、ペン型ポスターカラーなどで着色します。Ｐペーパーは絵の具がしみこみやすい素材なので、必ず下に新聞紙を敷きましょう。また、絵の具に水をたくさん混ぜすぎるとにじみやすくなるので注意しましょう。

● アウトラインを描く

　仕上げに黒の油性フェルトペンでアウトラインを描くと、遠くからも見やすく、いきいきとした絵になります。

● 切り取る

　アウトラインに沿ってできるだけ余白を残さないように切ります。ただし、動物のひげやしっぽなどの細かい部分は、少し余白を残して切ってもかまいません。

（3）絵人形の仕掛けについて学びましょう

　パネルシアターには絵人形の動きや表現を広げる様々な仕掛けがあります。作品の見せ場にもなるので、仕掛けの種類と演じ方を知り、より楽しく効果的に演じられるようにしましょう。

● 裏返し

　別々に描いた２枚の絵を木工ボンドではりあわせます。表と裏で「向きが変わる」「違うものに変化する」等を表現します。

　２枚それぞれに描いた絵をボンド（木工用ボンド、またはクリアボンド）ではりあわせます。それぞれの絵人形を切り取り線より少し大きめに切り、はりあわせてから２枚を一緒に切り取ると、裏表がぴったりとあったきれいな絵人形を作ることができます。

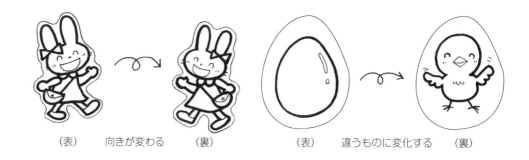

●重ね貼り

絵人形の上に絵人形を重ねてはりたいときは、絵人形の裏にパネル布をはります。重ねて貼ることで「身につける」「変化させる」等を表現します。

重ねるほうの絵人形の裏にパネル布（ネル地やフェルトでも代用可）をはります。絵人形の表からパネル布がはみ出して見えないように、パネル布は絵人形よりも少し小さめに切ってはるとよいでしょう。

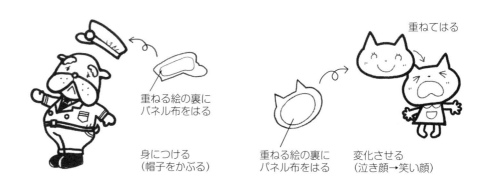

●ポケット

ポケットの作り方は、絵人形に切り込みを入れて差し込む「切り込み式」と、別のPペーパーで作ったポケットをボンドではりつける「後づけ式」の2種類があります。ほかの絵人形を「差し込む」「固定する」ことができます。

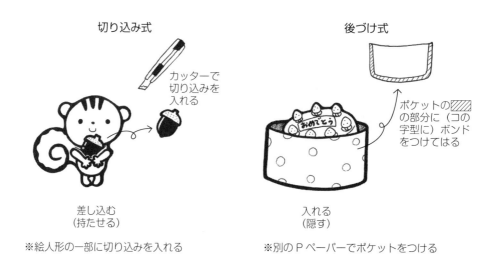

●糸どめ

別々に描いた2枚の絵人形を木綿糸でとめます。「絵人形の一部を動かす」「扉開き」等を表現します。糸どめの仕方は様々ありますが、ここではもっともポピュラーな「玉結び」と「輪どめ」について紹介します。

〈玉結び〉

まずは木綿糸を針に通し2本どりにして玉結びをします。2枚の絵を重ねて針を通し、再び玉結び（玉どめ）をして糸を切ります。

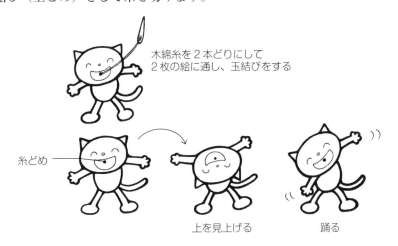

〈輪どめ〉

木綿糸を針に通し2本どりにします。2枚の絵を重ねて針を通したら、ページをめくるように絵を開き、つなぎ目のところをしっかりと結んで糸を切ります。

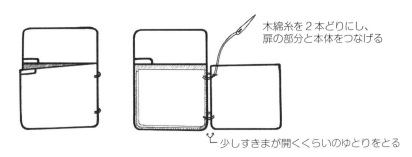

6　演じ方の4つのポイントをおさえましょう

❶立ち位置

パネル板の右側に立ち、絵人形を動かすとき以外はパネル板から少し離れて立ちましょう。体で絵人形を隠してしまわないよう、パネル板から50cmくらい離れるとよいでしょう。なお、絵人形を操作する間はパネル板の前に立っても大丈夫です。

右利きの人はパネル板の右側、左利きの人は左側に立つと演じやすいですが、パネルシアターの作品は基本的に右利き用に絵人形が描かれていることが多いことを覚えておきましょう。

後ろに置いた絵人形が見えないように下幕をつける

❷絵人形の操作、配置

　絵人形を持つときは絵人形の顔や目の部分を隠さないように注意しましょう。

　パネルシアターは絵人形の配置や移動の仕方がとても大切です。指導書の図や解説を参考に、場面ごとの効果的な配置の仕方を確認しておきましょう。

❸演じる際の留意点

　子どもたちの表情を見ながら笑顔で演じましょう。

　子どもたちによく聞こえる声の大きさ、速さ、間のとり方に気を配りましょう。

　台本通りに演じることよりも、子どもたちとのやりとりを大切にして楽しく演じましょう。「みんなも一緒に歌ってね」「一緒に手遊びをしましょう」などと子どもたちに語りかけ、参加する楽しさも味わえるようにするとよいでしょう。

　「元気いっぱい」「歌が好き」「ゆったりとした雰囲気」など、自分の特技や持ち味を活かして演じましょう。

　パネル板を首に提げて使う場合は、子どもとパネル板との距離を考え、時々子どもの近くにパネル板を持っていったり、パネル板ごと左右に動かしたりするなど、可動式パネル板のよさを活かすとよいでしょう。

❹子どもの年齢と発達段階を考慮する

　パネルシアターは、一つの作品でも、言葉のかけ方や説明の内容を工夫することで、幅広い年齢の子どもたちに楽しんでもらうことができます。例えば、年少児にお話を演じるときは、セリフを短く分かりやすい言葉にしたり、参加してもらう部分を増やしたりすると、理解しやすく飽きずに楽しむことができるでしょう。また、クイズのやりとりをするときのヒントの出し方も年齢や発達段階によって工夫するとよいでしょう。

7　パネルシアター作品「なんでもボックス」を作りましょう

　「なんでもボックス」の中にいろいろな絵人形を入れて遊びます。ヒントを出しながら子どもとのやりとりを楽しみ、中に入っている絵人形をクイズで当てたり、出した絵人形を使って自己紹介や手遊び、歌遊びをしたりするなど、様々に活用できてとても便利です。

好きな色で模様を描いて、オリジナルの「なんでもボックス」を作りましょう。

(1)「なんでもボックス」を作りましょう

● 「なんでもボックス」の作り方

(材料)
　Ｐペーパー2枚、下絵：巻末資料「なんでもボックス」(Ｐペーパーのサイズにあわせて拡大コピーする。または、プリンターの手差し機能を使って下絵を拡大してＰペーパーに直接印刷しておく)、絵の具セット(ペン型ポスターカラーでもよい)、黒の油性フェルトペン、はさみ、ボンド

(作り方)
　「なんでもボックス」の下絵をＰペーパーに写し取って好きな色を塗って切り取ります。次の図のように、開けたフタをボックスにひっかけるためのツメを作成し、木工ボンドではります。
　ポケットの下絵の裏面にも、作り方を掲載していますので参考にしてください。

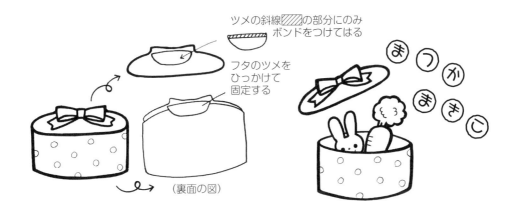

(2)中に入れる絵人形を作りましょう
　　食べ物、動物、季節行事にちなんだものなど、いろいろな絵人形を作りましょう。自分の名前を書いた文字も作っておくと、自己紹介をする際などに活用できて便利です。

(3)「なんでもボックス」を使って遊びましょう
　　「なんでもボックス」を使ったクイズ形式の遊びをいくつか紹介します。

「♪クーイズクイズ」から自己紹介

「みなさん、こんにちは。私の名前は○○○○です」〔文字を出す〕
「このプレゼントボックスの中には私の好きなものがいっぱい入っています。何だか分かるかな？」「くんくん、あまくていいにおい。冷たいデザートかな？　何だと思う？」「そ

う、アイス！」

「今度はまるくて弾むものですよ」「そう、ボール！」

〔このようにクイズ遊びをしながら、いろいろな絵人形を出してパネル板にはっていく〕

「これは全部私の好きなものです。みんなの好きなものは何かな。今度教えてね。これから○週間みんなといっぱい遊びたいと思います。どうぞよろしくお願いします」

「♪クーイズクイズ」から手遊び

「緑色でほそなが〜い野菜は？」「きゅうり！」

「赤くて丸くて上から読んでも下から読んでも同じ名前の野菜は？」「トマト！」

「赤くて丸くておいしい果物は？」「りんご！」

このように、クイズ遊びをしながら絵人形を出してパネル板にはった後、その絵を使って『八百屋のお店*1』『やきいもグーチーパー*2』『カレーライスのうた*3』などの手遊びをします。

*1　フランス民謡（訳詞：不詳）

*2　坂田寛夫作詞、山本直純作曲

*3　ともろぎゆきお作詞、峯陽作曲

八百屋のお店　　カレーライスのうた　　やきいもグーチーパー

（裏返すとカレーライスの絵になる）

「♪クーイズクイズ」から歌遊び

これまでと同様にクイズ遊びで、いろいろな動物やものの絵人形を出し、『みんなの広場*4』『アイアイ*5』『アイスクリームの歌*6』『とんぼのめがね*7』など、絵人形からイメージをふくらませて歌います。

*4　村山恵子・多志賀明作詞、多志賀明作曲

*5　相田裕美作詞、宇野誠一郎作曲

*6　佐藤義美作詞、服部公一作曲

*7　額賀誠志作詞、平井康三郎作曲

歌あそび

「♪クーイズクイズ」から季節行事や生活指導

これまでと同様にクイズ遊びで、ひこぼしやサンタクロースなどの季節行事にちなんだ絵人形や、歯ブラシやお弁当などの生活指導の導入に使える絵人形を出します。

季節行事・生活指導

8 「なんでもボックス」を使った作品を発表しましょう

オリジナルの作品を作り、4 ～ 6 人のグループに分かれて発表しましょう。

（1）「My best　なんでもボックス発表」を作成しましょう

巻末資料「My best　なんでもボックス発表」を作成し、実践に臨みます。
どのような中身の絵人形を作り、どのように演じたいかを考えましょう。
次の留意点を確認して発表に臨みましょう。

● 作品名

あなたの作品に名前をつけましょう。作品の構成を練ってから、その作品にふさわしい名前を考えてみてもよいでしょう。

● 「なんでもボックス」の内容

図を含めて説明をします。
作品で用いる絵人形の種類は何か、どのような仕掛けや工夫をこらすのかについて説明しましょう。
また、どのような形態のパネル板を使うのかといった準備する備品についても、もれなく記入しておきます。

● セリフと演じ方・配慮点

セリフを順に書き込み、どのように作品を展開していくのかを示しましょう。セリフなどに応じた演じ方や、演じる際に自分が工夫したり、配慮したりする事柄もあわせて記入しましょう。
対象年齢を設定してから、作品の内容を考えていくのもよいですし、演じ方・配慮点から、様々な年齢にも対応できる作品にしてもよいでしょう。

作品を作り終えたら、しっかりと発表の練習をしましょう。

（2）発表しましょう

1. グループに分かれて発表します。タイムキーパーを決めて発表時間を計りながら進めます。全員の発表後に、アドバイスを交換し合いましょう（発表の目安3 ～ 5 分）。
2. 自分の発表後には「My best　なんでもボックス発表」に、発表にかかった時間と反省を記録します。
3. 「My best　なんでもボックス」の裏面にある「実践メモ」には、グループメンバーが発表した「なんでもボックス」の内容について、その特長や気になったところなどを記録しましょう。

8章 エプロンシアター®

*1 エプロンシアターは登録商標であり、中谷真弓氏の許諾を得て使用している。

ここでは、エプロンシアター*1について学びます。

お誕生会やちょっとしたお楽しみ会などで、1人で演じながらお話を語ったり、表現したりするのに便利な教材です。

市販のかわいいエプロンシアターがたくさんあり個人で購入することもできますが、みなさんは、ぜひ手作りのエプロンシアターにも挑戦していただきたいと思います。

1 エプロンシアターとは何でしょう

エプロンシアターは中谷真弓氏が考案し、『幼児と保育』（小学館、1979年）に発表しました。

胸当て式エプロンを舞台に見立て、ポケットから次々と人形が登場する人形劇です。

ポケットのほかにも面ファスナーなどの様々な仕掛けを作ることで、ポケットから取り出した人形をエプロンにつけたり、はずしたり、ポケットに戻したりしながらお話を進めます。舞台は、演じ手の体についたエプロンですから、自由に動くことができます。すなわち、体全体で表情豊かに演じることができる人形劇といえるでしょう。

2 エプロンシアターの特長を学びましょう

エプロンシアターの特長をまとめてみましょう。

3 エプロンシアターの種類を学びましょう

どのようなエプロンシアターがあるのか調べましょう。

● お話エプロン

日本や世界の昔話、絵本で親しんだお話、エプロンシアターオリジナルのお話などです。

● 歌遊びエプロン

手遊びや歌遊びのためのエプロンシアターや手品エプロンシアターなどです。

● 行事・教育エプロン

お誕生日会などの行事で使うエプロンシアター、虫歯予防デーなどや食育のエプロンシアターなどです。

4 エプロンシアターを演じるための4つのポイントをおさえましょう

❶エプロンのつけ方

　エプロンは首のひもを短めにして、なるべく高い位置につけましょう。そして、腰のひもはゆるく締めましょう。そうすれば、エプロンの舞台を広く使うことができます。
　髪の長い人は髪がエプロンにかからないよう、髪の毛をくくりましょう。

❷人形の持ち方と動かし方

　人形は、台本にしたがってポケットに入れて、お話に応じて取り出せるようにセットしましょう。取り出した人形はよく見える位置に持って、人形の顔を観客に見せましょう。エプロンにつける場所が裾のほうだからと、その位置で話すと見えにくくなります。語っている人形は、軽く上下に振って語っている様子を表します。ついつい大きく振りすぎると、人形の顔が分かりません。
　2体を両手に持つときは2体とも観客のほうに顔を向けて持ちましょう。人形同士を会話させるときには、話していない人形は動かさないでください。語っている人形だけを少し軽く揺らしながら語りましょう。2体を向かい合わせ、話し合っているように動かすと、誰が話しているのかが分かりません。

❸表情豊かにゆっくりと語る

　台本をしっかり頭に入れてから演じましょう。しっかり観客を見て演じるために、手元に台本を置くことはしません。もしも、セリフを忘れてしまってもあわてる必要はありません。堂々と登場人物になりきり演じきってください。
　顔の表情もしっかりと演じましょう。うれしい顔、悲しい顔、驚いたときにはびっくりした顔をするといったように人形の感情を顔で表現する（演じる）と同時に体全体で表現するとよいでしょう。
　セリフは登場人物にあわせて語りましょう。例えば、おばあさんはゆっくりと少し声を低くして語り、かわいい小鳥は高い声で少し早口で語るなど、工夫すると演じ分けることができます。

❹あなた自身が舞台になる

　動作を大きく、ゆっくり演じましょう。例えば『おおきなかぶ[*2]』で、かぶを引っ張るのは人形ではなく、演じ手が「うんとこしょっ！　どっこいしょ！」と演じてください。『三びきのやぎのがらがらどん[*3]』で、トロルががらがらどんと戦ってやっつけられたら、大げさに「イタタタタ……」と痛がってみせましょう。
　観客を巻き込んで、一緒にお話を盛り上げましょう。セリフを一緒にとなえたり、質問をしたりして、観客と一体になる感覚を味わってみましょう。

[*2] A・トルストイ作（内田莉莎子訳）佐藤忠良画　福音館書店　1966年

[*3] マーシャ・ブラウン絵（瀬田貞二訳）福音館書店　1965年

5 実際に体験しましょう

ここでは、市販のエプロンシアターを用います。練習をしてみんなの前で発表しましょう。

(1) 練習しましょう

1. エプロンシアターを選びます。
2. 箱からエプロンを出して、台本を見ながらセリフを覚えます。
3. 実際に時間を計りながら練習します（台本にこだわらず、オリジナルでセリフや歌やダンスを入れてみてもよいでしょう）。
4. 発表の順番を決めておきましょう。

(2)「エプロンシアター実践レポート」を作成しましょう

巻末資料「エプロンシアター実践レポート」を作成し、実践に臨みます。

演じる作品の題名を記入し、作品の特長（仕掛けなど）と演じるときの留意点（自分が工夫したり、配慮したりするところ）を記入します。

練習を重ねることで、仕掛けの用い方の工夫や、演じ方（パフォーマンス）について、あなたのオリジナルの要素を書き加えていくことができるでしょう。

(3) 発表しましょう

1. みんなの前で発表します（台本は見ないで発表すること）。
2. 自分の発表後には「エプロンシアター実践レポート」に自己反省を記録します。
3. 巻末資料「エプロンシアター発表評価票」に、友だちが発表したエプロンシアターの特長と気になったところなどを記入します。

発表内容を評価する際のポイントは次の通りです。
　①はっきり大きな声で演じられていたか
　②表情豊かに体全体を使って演じられていたか
　③観客を意識して演じていたか
　④セリフを覚えていたか
　⑤お話の内容やおもしろさが伝わったかどうか

9章 ストーリーテリング

ここでは、ストーリーテリングについて学びます。

ストーリーテリングは、経営用語としても使われています。会社での企画などのプレゼンテーションの際に、語り手の体験や身近な出来事をベースに物語を作り、語ることで、そのコンセプトや思いをより効果的に聞き手の心に響かせやすくするための手法の一つにあげられています。このような効果は、保育現場でおこなわれるストーリーテリングについても同様にいえます。

これまで学んだ絵本の読み聞かせや紙芝居などと異なる点にも注目しながら、保育現場などで実践されるストーリーテリングについて学んでいきましょう。

1 ストーリーテリングとは何でしょう

ストーリーテリングとは、「物語を覚えて、語って聞かせる」ことです。「素話（すばなし）」「語り」「お話」ともいいます。そして、語り手のことをストーリーテラーと呼びます。

「素話」「語り」「お話」は、文字がない時代から人間が言葉を使いはじめ、口伝えに話されてきた文化の一つ（口承文化）といえます。世界中には、その土地の昔話や伝説が、長い年月を経て現在でも語り伝えられているものがたくさんあります。日本でも「昔話」として今もなお、語り伝えられているものがたくさん存在します。

保育現場においては、絵本などを使わずに、声と表情だけで物語を語ります。保育者が保育現場で表現するものの中で、もっとも自然な表現の一つといえるでしょう。

ストーリーテラーが語るとき、子どもたちを見ます。子どもたちも語り手を見つめます。子どもたちの目を見ながら語りかけ、子どもたちの反応や、その場の雰囲気に応じて語ることは、物語の世界をより深く共有できることでしょう。

そして、子どもたちがストーリーテラーを通して、保育者の人柄に、よりふれることができるのも、ストーリーテリングの魅力だといえます。物語の世界を共有することで、子どもたちとのやりとりが生まれ、信頼関係を築くこともできるでしょう。

2 ストーリーテリングの種類を学びましょう

●口承文学

　古くから口伝えでも語り継がれてきたもので、昔話ともいいます。祖父母から父母へ、父母から子へ、祖父母から孫へと何世代も経て、語り継がれてきたものです。昔話は作者や、どの時期から語りはじめられたのか定かではありません。様々な人から人への口承伝承によって、話がつけ加えられたり、削られたりして、今に伝わる昔話になっています。地方によって、昔話の終わり部分が違うこともあります。

　昔話は、子どもたちに大変好かれます。そして素話、お話に適した素材ともいえます。どうして、子どもたちに人気があるのでしょうか。どのようなところに子どもたちは魅力を感じるのでしょうか。

　それでは、昔話の魅力を考えてみましょう。例えば、「桃太郎」「浦島太郎」「こぶとり爺さん」などの話を思い出して考えてみましょう。

　口承文学の一つである昔話は、文字が発明され、印刷技術が発展した今日では、印刷されたものとして絵本や児童文学などになっていますが、本来ならば、口承で伝え続けられるものです。語り手、ストーリーテラーが自分の言葉で自由に語っていくことが理想でしょう。しかし、安易に話の構造や昔話の伝えたい内容を変えてしまうことは気をつけましょう。昔話を語るメッセージ性が伝わらなくなってしまいます。

●創作文学

　世界中の昔話だけでなく、絵本や児童文学の中にはストーリーテリングに適したお話が多く存在します。素話として、聞いて楽しむことができるように、話し方を工夫したり、長い話の場合は、話の内容を忘れることがないように何回かに分けて話したりという工夫が必要です。

●詩

　詩には、言葉の美しさ、音の響きの楽しさ、リズムのおもしろさなどが含まれています。保育者自身、詩の持つ言葉の力を感じつつ、子どもたちにその雰囲気が伝わるようにお話してみましょう。

●即興的なお話

　保育者が日々の保育の中や生活の中で感じたことや、子どもたちに伝えたいものをその

場に応じて即興で作るお話です。保育者自身やクラスの子どもたち、飼っているペットを物語の主人公にして話すなど、子どもたちと楽しむことができるお話を自由に作ることができるのも、保育現場ならではだと思います。

3 保育現場での展開について学びましょう

保育現場では、保育者の語る話を聞き、自由に想像をふくらませる経験をしてもらいたいと願う場合、ストーリーテリングを用いる場面が見られます。

ストーリーテリングを実践する際には、まずお話を選択するところからはじまります。お話を選ぶ方法はいくつかあります。次のポイントをふまえて選択するとよいでしょう。

❶語り手である保育者が楽しんだり、共感したりできるお話であるか

語り手自身が話のおもしろさを感じたり、共感や感動を覚えたりするお話を選びましょう。そして、子どもたちに語りたいと思えるお話を選びましょう。

前述したようにストーリーテリングの魅力は、聞き手である子どもたちが、語り手を通して保育者の人柄によりふれることです。語り手であるあなたの個性をより活かすことのできるお話を選びましょう。

❷お話の内容

ストーリーテリングは、絵本や紙芝居、ペープサートやパネルシアターなどとは違い、聞き手（子どもたち）は耳から聞いた言葉だけで、お話の世界やその情景を想像します。ですから、聞き手にとって分かりやすい、想像しやすい内容のお話がよいでしょう。なるべく単純な内容（ストーリー）で、聞き手の年齢にあわせる必要があります。

また、登場人物が多すぎて場面の様子や流れがコロコロ変わったり、前の場面のことを持ち出して、時間の流れが逆になったりしない、時間の流れが一定な内容（ストーリー）がよいでしょう。

繰り返しのパターンのある内容（ストーリー）は、子どもに安心感と次の展開の期待を持たせることができます。

❸ストーリーの言葉

言葉は簡潔で、分かりやすく語りましょう。文章は短く、考え方の道筋に沿った単純な構成のストーリーがよいでしょう。

様々なストーリーテリング用の書籍などが市販されています。同じ題名でも書籍によっては、その内容に若干の違いがみられます。いろいろ読み比べて、原話の世界観や雰囲気をよく表しているお話を選びましょう。

言葉の美しさ、おもしろさ、リズムの楽しさ、繰り返しや韻の楽しさを活かした言葉を使いましょう。

4 実践する前に5つのポイントをおさえましょう

❶ストーリーを覚える

お話の台本を何度も熟読してストーリーの構成を理解しましょう。全体の流れを常に考えながら、台本を見ないで語る練習をしましょう。

語り手の言葉として自然に語ることができるように、声に出して繰り返し練習しましょう。練習した分だけ、自信につながり、心にゆとりが生まれますよ。

❷環境構成を考える

ストーリーテリングも、絵本や紙芝居をおこなうときと同じように環境を整えることが大切です。

お話をするときは、集中できる空間が必要です。独立した空間や部屋があればよいのですが、保育現場では保育室でおこなうことが多いでしょう。その場合どのような環境構成を考えるとよいか、考えられる点を書き出してみましょう。

---

❸導入の仕方を考える

ストーリーテリングをはじめる際には、子どもたちの意識を保育者に集中させるための導入の仕方を考えましょう。手遊びや歌などではじまるのが一般的ですが、お話の世界に子どもと一緒に入っていくことを意識できるような、静けさを感じる工夫をしましょう。

例えば、小さな鈴や鐘を鳴らして、その響きに耳をすましてはじまる導入の仕方や、部屋を少し暗くして「おはなしのろうそく」として、ろうそくを灯して、お話をはじめる導入の仕方もあります。

選んだお話にあった、あなたらしさが光る導入の仕方を考えましょう。

❹ストーリーを語る

導入で子どもたちが落ち着いた気持ちになったようであれば、そのまま子どもたちの目を見ながらお話を自然に語りはじめましょう。

語る際には、間やスピードに気をつけましょう。また、大げさな演出は、子どもの関心が本来のストーリーの内容や流れからはずれてしまうので、無理に声色を作ったり、大げさになりすぎたりしないように気をつけましょう。

お話の途中で子どもから発言があった場合は、話を中断しないように、目で合図をし

てうなずき、発言を聞いたことを雰囲気で伝えましょう。

❺まとめ

お話の世界の余韻を残しましょう。

子どもたちの中から自然に出てくる感想や意見を素直に受けとめましょう。子どもたちとストーリーについて思いをめぐらすこともよいかもしれません。

5 実際に体験しましょう

(1) ストーリーテリング「世界でいちばんきれいな声」を語ってみましょう

それでは、みなさんに一つのお話と物語る上でのポイントをあわせて紹介します。

親しみやすい動物が次々と登場し、いろいろな鳴き声もあり、ユーモラスなお話です。短い話ですので、低年齢の子どもたちにも楽しめます。ストーリーテリングをはじめるには、ちょうどよいお話だと思います。

さあ、物語ってみましょう！

『世界でいちばんきれいな声[*1]』

*1 マージョリー・ラ・フルール作、山田雅子訳（東京子ども図書館編『おはなしのろうそく11』東京子ども図書館 2000年）

お話の内容	物語るポイント
「世界でいちばんきれいな声」	①題名は大切です。 ・ゆっくり、はっきり、落ち着いて話しましょう。
あるとき、一羽のふとった子ガモが、ひろい世界を見たいと思って、うちを出ました。ぐるっと納屋をまわって歩いていくと、やがて子ネコにあいました。	②前置きは特に必要ありません。少し間をおいてから話しはじめます。 ・物語のはじまり、登場人物や設定を分かりやすく、ゆっくりと話しましょう。
「ミャオウ！」と、子ネコはいいました。 それを聞いて、子ガモはいいました。 「わあ、なんてかわいい声なんだろう！ぼくもあんなふうにないてみよう！」	③鳴き声は登場人物にあわせます。セリフは誰の言葉か分かるように語ります。ただし大げさになりすぎると、楽しさが半減してしまうこともあるので注意しましょう。 ④「かわいい」をはっきりと、ていねいに話しましょう。
でも、子ガモが「ミャオウ」といえるでしょうか？ いいえ、とてもむり！ 子ガモは、子ネコのまねをしてみましたが、いちばんうまくいったときでも、「ミャック！ミーアック！」と、	⑤落ち着いた声で語りかけるように話しましょう。 ・「……といえるでしょうか？」に続く、「いいえ、とてもむり！」の間をとりすぎないようにします。

いえただけでした。 　これでは、とても、かわいい声とはいえません。	⑥少し、困ったような声で話します。
そこで、子ガモは、よたよたとさきにすすんでいきました。しばらくいくと、こんどは、子イヌにあいました。	⑦ストーリーの展開場面です。 ・「しばらくいくと、」のところから少し、間をおいて話しましょう（間をとりすぎないように）。
「ワンワン！」と、子イヌはほえました。 　それを聞いて、子ガモはいいました。 　「わあ、なんて**すてきな**声なんだろう！　ぼくもあんなふうにないてみよう！」	・③を参照。 ⑧「すてきな」をはっきりと、ていねいに話しましょう。
でも、子ガモが「ワンワン」といえるでしょうか？ 　いいえ、とてもむり！ 　子ガモは、まねをしてみましたが、でたのは、「ワァック！ワァック！」という音だけでした。 　これでは、とても、すてきな声とはいえません。	・⑤を参照。 ・聞き手の反応を見ながら、「いいえ、とてもむり！」と続けるとよいでしょう。 ・⑥を参照。
そこで、子ガモは、またさきへよたよた歩いていきました。すると、まもなく、木にとまっている黄色いことりにあいました。	・⑦を参照。 ⑨情景を思い浮かべられるように話しましょう。
「チッチッチ、チチー！」と、黄色いことりはうたいました。 　「わあ、なんて**きれいな**歌なんだろう！ぼくも、あんなふうにうたってみよう！」	・③を参照。 ⑩「きれいな」をはっきりと、ていねいに話しましょう。
でも、子ガモが「チッチッチ」とうたえるでしょうか？ 　いいえ、とてもむり！ 　子ガモは、いっしょうけんめいまねをしてみましたが、「チワック！チワック！」といえただけでした。 　これでは、きれいな歌とはいえません。	・⑤を参照。 ・⑥を参照。
そこで、子ガモは、またさきへ歩いていくと、こんどは、大きな牝ウシにあいました。	・⑦を参照。
「モォゥ！」と、牝ウシはなきました。 　それを聞いて、子ガモは考えました。 　「わあ、なんて**りっぱな**声だろう！ぼくも、あんなふうにないてみよう！」	・③を参照。 ⑪「りっぱな」をはっきりと、ていねいに話しましょう。

でも、子ガモが「モォゥ」といえるでしょうか？ いいえ、とても、とてもむり！ 子ガモは、まねをしてみましたが、こんなふうにいえただけでした。「モアック！モアック！」 これでは、りっぱな声とはいえません。	・⑤を参照 ⑫「とても、とても」が２回出てきたので、意識しておきましょう。 ・⑥を参照。
子ガモは、とても、かなしくなりました。子ネコのように「ミャウ」といえないし、子イヌのように「ワンワン」ともいえません。黄色いことりのように「チッチッ」とうたえもしなければ、大きな牝ウシのように「モォゥ」ともいえないのです。	⑬ストーリーの展開場面です。 ・少し、間をおいて、ゆっくり話しはじめましょう。 ・困ったような感じを出すように、話してみましょう。
子ガモは、のろのろとさきへすすんでいきました。そのとき、おかあさんガモが、納屋のかどをまわって、やってくるのが見えました。 「クワッ！クワッ！」とおかあさんガモはなきました。	・⑦を参照。 ・③を参照。 ⑭「クワッ！クワッ！」は、はっきりいいましょう。
それを聞くと、子ガモは、とてもうれしくなりました。 「わあ、あれは、世界じゅうで、いちばん**きれいな声**だ！ ぼく、ああいうふうにないてみよう！」	⑮子ガモの気持ちが感じられるように、明るく話しましょう。 ・大げさにやりすぎてしまうと、楽しさが半減してしまうので気をつけましょう。
そして、子ガモは、とてもじょうずに「クワッ！クワッ！」と、なくことができましたよ。 おしまい！	⑮子ガモが「クワッ！クワッ！」と鳴くところは十分に間をとりましょう。ゆっくりと話し、ゆったりとした気持ちで終わるように物語りましょう。

（２）お話のレパートリーを増やしましょう

ここでは、２～６分で読むことができる短いお話を紹介します[*2]。

本章での学んだことをふまえて練習を重ねつつ、ストーリーテラーとしてのレパートリーをどんどん増やしていきましょう。

● おいしいおかゆ『おはなしのろうそく１』

グリム昔話です。おかゆがどんどん煮えるふしぎなおなべのお話です。おかゆの煮えている、繰り返しの表現が楽しいです。話全体の流れを考えて、緩急をつけたり、間をとったりしましょう。

[*2] 東京子ども図書館編『新装版 お話のリスト』東京子ども図書館 2014年
紹介する作品の掲載書籍を題目に続けて表示しています。

- ●あなのはなし『おはなしのろうそく4』

　あなが登場人物の1人になっているところにユーモアがあります。あなと、動物たちが旅をする様子を想像するのが楽しいお話です。登場人物が1人登場するごとに間をとって、メリハリをつけて話しましょう。

- ●だめといわれてひっこむな『おはなしのろうそく9』

　おばあさんと子ねずみのやりとりがユーモラスで楽しいお話です。子ねずみの愛らしい、一生懸命な様子を生き生きとイメージして語りましょう。最後に歌が出てきます。元気でかわいい曲をつけると楽しいでしょう。

- ●ねずみのすもう『おはなしのろうそく18』

　日本の昔話です。太ったねずみとやせっぽっちのねずみのお話です。「デンカショ、デンカショ」というかけ声が楽しいです。全体に元気よく、はきはき語るとよいでしょう。

- ●おやふこうなあおがえる『おはなしのろうそく24』

　朝鮮の昔話で、再話されたものです。梅雨の季節に合うお話です。かえるが梅雨に鳴くわけを語っています。短い話なので、長い話などと組み合わせて使うとよいでしょう。

6　ストーリーテリングの発表をしましょう

　子どもたちの前でお話を語る体験は、とても勇気のいることでしょう。あなたが「あるとき、一羽のふとった子ガモが……」と語りはじめると、子どもたちとあなたの間の空気感が変わって、子どもたちは自然とお話の世界にひきこまれていきます。このような体験は「子どもの前で語る」テクニックをつかむ貴重な機会となります。是非、チャレンジしてみてください。

　ここでは、みなさんがそれぞれお気に入りのお話を覚えて、8人程度のグループに分かれて発表します。発表に先立ち、次の留意点を確認しましょう。

- ●お話を覚えてくる

　小道具を使うことや台本を片手にお話することはできません。事前に何度も声に出して繰り返し語って覚えましょう。一文ずつ覚えるのではなく、頭の中に物語の映像を展開させながら覚えると、一言を忘れても話を続けることができます。大事なおまじないの言葉や、キーワードは確実に覚えてください。セリフとト書き（お話の中で、セリフ以外の主として登場人物の動作や行動を指示する部分のこと）の語り口を区別すると、登場人物が浮き出てきます。

- ●グループに分かれ、語るための場所を設定する

　巻末資料「ストーリーテリングの評価票」は、グループメンバーの発表にコメントをす

るためのメモ用紙になります。各自が「ストーリーテリングの評価票」をメンバーの人数分を持ってグループに分かれます。グループごとにイスを準備します。1脚を前に出し、それを囲むように集まったら、順番に語りましょう。

タイムキーパーを決めて、語りの時間を計って記録してください。

● お話を語る

メンバーの前のイスに座ったら、お話のタイトルを伝え、静かに語りはじめましょう。

語る姿勢は背中をしっかり伸ばしてイスに浅く腰掛け、手は軽く膝の上に置いて語ります。足を広げて座らないよう気をつけましょう。語るときの目線はゆっくりと聞き手のみんなを見渡しながら語ります。時には、きらきらした目で真剣に聞いてくれる人に向かって語るのもよいでしょう。大げさな身振りや動作はいりません。自然な声色で語りましょう。

● 語りの途中で、困った場合の対処

途中で話を忘れてしまっても、あわてずに自分の言葉で語ってください。間違えたからと、舌を出したり、やり直したりする必要はありません。どうしてもお話の続きが出てこない場合には、聞き手のメンバーに助けてもらってちょっと話を教えてもらってもよいです。

聞き手から話しかけてきたときには、目で合図を送って「あなたの話は聞こえているよ。後で話そうね」と無言の合図を送りましょう。自分の意見を聞いてほしいと話しかけてくる場合には「そうね」と相づちを打って、お話を進めます。それでもやめない場合には「今はお話をしているから、後で話そうね」と伝えます。できれば、お話の世界を崩さないまま最後まで語りたいものです。

● 静かに余韻を残して終わる

「おしまい」の一言で、現実の世界に戻ります。大切に、ていねいに語ってください。その後「どんなお話だった？」「誰が出てきたか覚えている？」などの振り返りはいりません。お話の余韻を楽しみましょう。

● 「ストーリーテリングの評価票」を記入する

各メンバーの発表ごとに、聞き手は「ストーリーテリングの評価票」の対象者氏名と題目を記入します。そして、発表を聞いて、よかったところや気をつけたほうがよいところなど気づいたことを「一言アドバイス」の欄に記入しましょう。また、評価はAからEのいずれかに〇をつけてください。

メンバー全員の発表が終わったら「ストーリーテリングの評価票」を交換し合いましょう。

発表内容を評価する際のポイントは次の通りです。

①Ａ（５点）…お話のすべてを覚えていた。声の強弱をうまく使い、表情も豊かで、登場人物も生き生きと語られていた。
②Ｂ（４点）…お話のすべてを覚えていた。聞き手に向かって語りかけていた。
③Ｃ（３点）…時々詰まることがあるが、自分自身で最後まで語ることができた。
④Ｄ（２点）…話すことに必死で、時々忘れてしまいメンバーに助けてもらって何とか最後まで語れた。
⑤Ｅ（１点）…緊張してストーリーを忘れてしまい、ほとんどメンバーに助けてもらいながら語り終えた。

● 「ストーリーテリング実践発表」を記入する

　巻末資料「ストーリーテリング実践発表」に、あなたが選んだお話の題名を記入して実践に臨みます。発表後、お話を語るのにかかった時間をタイムキーパーに教えてもらい記入しましょう。

　メンバー全員の発表後、交換し合った「ストーリーテリングの評価票」を読みましょう。そして、メンバーからのＡからＥの評価を点数化して合計点を記入してください。総合点の母数はグループの人数×５点です。

　次に、メンバーからの「一言アドバイス」を読んで、「グループメンバーからのアドバイス」の欄に自分の言葉で意見をまとめてください。

　最後に、あなた自身の発表を振り返り反省をしっかりしましょう。事前の練習が足りなかったのか、緊張してうまく語れなかったのか、自分の反省点に気づき、次回に活かすためにはどうすればよいのか考えることが大切です。

10章 お話で遊ぶ

　簡単な素材を使ったお話で遊びましょう。身近な素材を活用した、子どもたちと一緒に楽しめる言語表現教材をいくつか紹介します。

1 親指を使ったお話「めえめえくんとめえめえちゃん」

　両手の親指を「めえめえくんとめえめえちゃん」に、こぶしを「おうち」にそれぞれ見立てて、親指を出したり隠したりしながらお話を進めていきます。子どもたちの反応を見ながら話を進めましょう。

　　〔右手と左手の親指とこぶしを交互に見せながら2匹を紹介します〕

　　これは　めえめえくんです〔右手の親指を立てる〕
　　これは　めえめえくんのおうちです〔右手でこぶしを作る〕
　　これは　めえめえちゃんです〔左手の親指を立てる〕
　　これは　めえめえちゃんのおうちです〔左手でこぶしを作る〕

　　では　お話をはじめましょう

　　ある日　めえめえくんは　めえめえちゃんに会いたくなりました〔右手に注目〕
　　扉を開けて〔こぶしを開く〕
　　外に出て〔親指を立てる〕
　　扉を閉めて　出かけました〔親指を立てたまま、こぶしを閉じる〕

　　丘を下り　丘を登り　丘を下り　丘を登り
　　めいめいちゃんの家に着きました
　　〔右手を上下に動かし、丘を下ったり登ったりを表現しながら左手に向かう〕

　　トントントン　返事がありません
　　トントントン　どうやら留守のようです
　　〔右手を親指で左手のこぶしをたたく。左手のこぶしは閉じたまま〕
　　仕方がない　帰りましょう

　　丘を下り　丘を登り　丘を下り　丘を登り　家に着くと
　　〔右手を上下に動かし、丘を下ったり登ったりを表現しながら右側へ戻る〕

扉を開けて〔こぶしを開く〕
中に入って〔親指をこぶしの中へ〕
扉を閉めて　寝ました〔親指をこぶしの中に入れたまま、こぶしを閉じる〕

ある日　めえめえちゃんは　めえめえくんに会いたくなりました〔左手に注目〕
〔以下、先ほどの動作を繰り返す〕
そこで　扉を開けて　外に出て　扉を閉めて　出かけました
丘を下り　丘を登り　丘を下り　丘を登り　めえめえくんの家に着きました

トントントン　返事がありません
トントントン　どうやら留守のようです
仕方がない　帰りましょう

丘を下り　丘を登り　丘を下り　丘を登り　家に着くと
扉を開けて　中に入って　扉を閉めて　寝ました

ある日　めえめえちゃんとめえめえくんは　一緒に会いたくなりました
〔両手に注目〕

〔両手で先ほどの動作を繰り返す〕
そこで　扉を開けて　外に出て　扉を閉めて出かけました

丘を下り　丘を登り　2匹はやっと出会いました

やあやあ、こんにちは！〔自由に会話させる〕
2匹はシーソーをしたり　ブランコに乗ったり　滑り台を滑ったり
鬼ごっこをして　お空が真っ赤になるまで遊びました〔両手の親指を交互に上下させたり、前後に揺らしたりといったように、2匹の遊んでいる様子を表現する〕

帰る時間になったので　2匹はバイバイッと手を振って帰りました〔親指を振る〕

丘を下り　丘を登り　家に着くと
扉を開けて　中に入って
扉を閉めて　寝ました

とっても疲れていましたのでね
おしまい！

2 紙パックを使ったお話「カラスの親子」

　牛乳など飲み物の紙パックで作ったカラス人形を持って、子どもたちと一緒にお話で遊びましょう。

　お話を知らない子どもたちにカラス人形を持って並んでもらっても大丈夫！　保育者が進行役（語り手）をしながら、お母さんガラスも演じれば、子どもたちにかわいい子ガラスたちを演じてもらうことができます。

　例えば、「カラスの親子[*1]」の読み聞かせの後にカラス人形を取り出して、子どもたちに参加してもらうのも効果的です。まずは、保育者が一通り演じてみるとよいでしょう。

[*1] 藤田浩子編『続おはなしおばさんの小道具』（シリーズつくってあそんで10）一声社　1998年　42頁

　　カアカア子ガラス　木の上で
　　カアカア母さん　　待っている
　　お空を見上げて　　カアカアカア
　　木の下見下ろし　　カアカアカア
　　あっちを見ては　　カアカアカア
　　こっちを見ては　　カアカアカア
　　母さんまだかと　　待っている

　聞き手である子どもたちの中から7名ほど、前に出てきてもらい、カラス人形を渡します（参加したい子どもが7名以上いる場合に備えて、カラス人形はたくさん準備しておいてもよいでしょう）。

　出てきた子どもたちには、ほかの子どもたちから全員が見えるように横に並んでもらい、語り手にあわせてカラス人形を上に向けたり、左右に向けたりしながらセリフを話してもらいます。

　　「カラスの親子のお話、はじまりはじまり！」
　　「紙パックのカラスを持って並んでください。お母さんはえさを探しに行って留守。子どもたちはお母さんが返ってくるのを待っているところです。ではみんな、カラスを軽く揺らしながら一緒に言ってくださいね」

　　カアカア子ガラス　木の上で
　　カアカア母さん　　待っている
　　〔子どもたち（以下、子）がカラスを左右に揺らしながら声をそろえて言う。語り手（以下、語）も一緒に声をそろえる〕

　　「今度は上を見てください」
　　〔子：カラス人形を上に向ける〕
　　お空を見上げて　　カアカアカア〔語子：声をそろえて〕

「今度は下を見てください」
〔子：カラス人形を下に向ける〕
木の下見下ろし　　カアカアカア〔語子：声をそろえて〕

「今度はあっちを見てください」
〔語：右のほうを指さす。子：カラス人形を右に向ける〕
あっちを見ては　　カアカアカア〔語子：声をそろえて〕

「今度はこっちですよ」
〔語：左のほうを指さす。子：カラス人形を左に向ける〕
こっちを見ては　　カアカアカア〔語子：声をそろえて〕

「母さんカラスが戻ってきますから、揺らしながら待っていてくださいね」
〔子：カラス人形を揺らす〕
母さんまだかと　　待っている〔語子：声をそろえて〕

〔語：親ガラスになって、羽ばたきながら子ガラスのところに来る〕
「はい、夕ご飯ですよ。お口を開けてください」
〔子：カラス人形の口を開けて待つ〕

「はい、どうぞ。どうぞ。どうぞ。そうそう、お口を大きく開けていてくださいね」
〔語：1羽ずつ、口にえさを入れるまねをする〕

「では、ごあいさつして寝てください」
はーい　おやすみなさい〔子：声をそろえて〕
「そうそう、ごあいさつしたら1度カラスを後ろに隠してください」
〔子：カラスを隠す〕

「これから、みんなで『寝られない！　寝られない！』って言いながら、カラスが出てきますからね。はい、どうぞ」
寝られない！　寝られない！〔子：声をそろえて言いながら、カラスを前に出す〕

「そうね。じゃ、歌を歌ってあげましょう。見ているみんなも一緒に歌ってください」
〔みんなで『七つの子[*2]』を歌う。子ガラスの数は、前で子ガラスを演じている子どもの数にアレンジしてもよい〕

[*2] 野口雨情作詞、本居長世作曲

♪からす　なぜなくの
　からすは山に

かわいいななつの
　　子があるからよ

　　「はい、おしまい。ごあいさつして寝てください」
　　　はーい　おやすみなさい〔子：声をそろえて〕

　　「ごあいさつしたら、もう1度カラスを後ろに隠してください。これから、また『寝られない！　寝られない！』と言いながら、カラスが出てきますからね。はい、どうぞ」
　　　寝られない！　寝られない！　お話してぇー〔子：声をそろえて〕

　　「それじゃあ、お話をしてあげますからね」
　　「むかしあるところに、かわいいカラスの子がいて、お母さんの言うことをよく聞く子どもたちでした。お母さんが寝なさいって言うと、すぐ寝たんですって」
　　「はい、おしまい。ごあいさつをして寝てください」
　　　はーい　おやすみなさい〔子：声をそろえて〕

　　「そうそう、ごあいさつをしたらもう1度カラスを後ろに隠してください。これから、また、また、みんなで『寝られない！　寝られない！』と言いながら、カラスが出てきますからね。はい、どうぞ」
　　　寝られない！　寝られない！〔子：声をそろえて〕

　　「ほら、いい子いい子してあげるから、寝なさい」〔語：いい子いい子する〕
　　　はーい、おやすみなさい〔子：声をそろえて〕

　　「そうそう、ごあいさつしたら、またカラスを後ろに隠してください。これから、また、また、また、みんなで「寝られない！　寝られない！」と言いながら、カラスが出てきますからね。はい、どうぞ」
　　　寝られない！　寝られない！　寝られない！〔子：声をそろえて〕

　　「でも、お母さんは言いました」
　　「寝・な・さ・い！」〔語：少しきつい声で〕
　　　おやすみなさい〔子：声をそろえて〕

　　「子どもたちも寝たので、お話もおしまい。とっても上手なカラスの子どもたちでした。ありがとう」

3　新聞紙を使ったお話「火事！」

新聞紙を折りながら次々にお話を進めていきます。
新聞紙を3枚、はさみなどを用意して早速チャレンジしましょう。

レインハットから消防士帽

1．新聞紙を半分に折り、中心に折り筋をつけます。

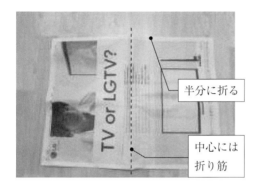

雨が降っていました。
　外に出られないので、子どもは新聞紙で折り紙をすることにしました。

2．左右の角を中心線に向かって折ります。

3．前後のふちの部分をそれぞれ折り上げます。

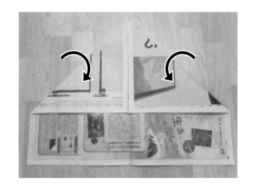

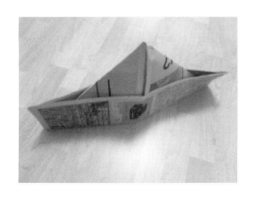

レインハットの完成！
真ん中を開いて、頭にかぶりましょう。

レインハットができました。
　「これをかぶれば雨でも平気」と子どもはレインハットをかぶって、外に出ました。

4. 真ん中から開くように四角に折り直します。角はたたみ込んで（重ねて）収めます。

> あれ、雨がやんじゃった。
> せっかくレインハットをかぶってきたのに。つまんないなあ、と子どもが辺りを見回すと……
> 「あ、あそこが火事だ！」

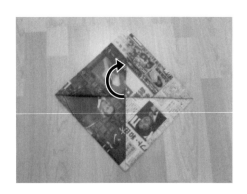

5. 前側のみを折り上げます。

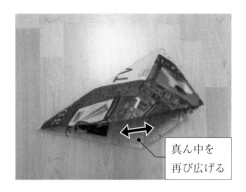

6. 真ん中を広げると消防士の帽子に早変わり。

> 火事のときは消防のおじさんを呼ばなくてはなりません。
> 「消防のおじさん！　来てくださーい！」

消防ホースからはしご

7. 新聞紙を2枚用意します。15cmほど重ねて1本の棒に巻き込んでいきます。

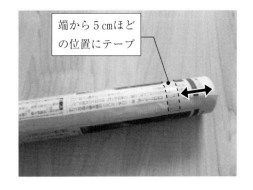

端から5cmほどの位置にテープ

8．棒の左右両端から5cmぐらいのか所をテープでとめれば、消防ホースのできあがり！

　ジャージャージャー。水をまくのが好きな消防のおじさん。ジャージャー水ばかりまいています。
　「おじさん！　あの高いところで『助けて！』って言ってる人がいるよ！」
　「大変だ！　あそこははしご車を呼ばなければ助けられない。はしご車を呼ぼう！」

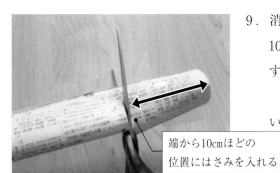

端から10cmほどの位置にはさみを入れる

9．消防ホースの左右両端の2か所に、端から10cmぐらいの位置にはさみで切り目を入れます。
　切り目は棒の半径より深めに入れてください。

10．そのまま横に切っていき、切り離します。

　はしご車がやってくるのを待ちます。ちょっと道が混んでいるのかな？　なかなか到着しません。

　ああ、やっと到着！

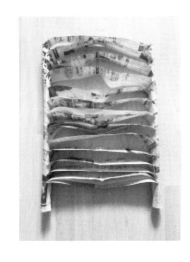

11．両端を持って上に引き伸ばせば、はしごのできあがり。

　さあ、はしごが伸びますよ！　スルスルスル……
　高いところで助けを求めていた人も助かりました。火事も収まったし、さあ、帰ろう！

　でも、さっきまでの雨と、火事を消すためにまいた水で、あたり一面水浸しです。
　舟でもなければ帰れそうにありません。

舟から救命胴着

12. 消防士帽を脱いで、後ろの部分も外側に折り上げ三角にします。

13. 三角を真ん中から開き、四角く折り直します。

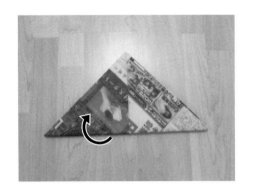
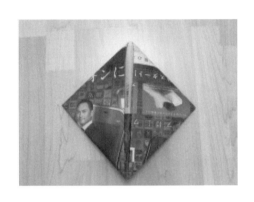

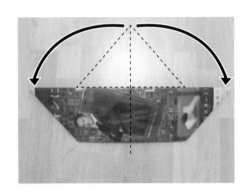

14. 左右を両手で持ち引っ張り開いて折り直すと、舟になります。

> 舟ができたぞ。さあ、これに乗って帰りましょう。
> こっちのほうにすいすいと……
> 「ドカンッ！」

15. （お話を進めながら）左右両端と中の三角部分を破ります。

> 岩にぶつかって、へさきが壊れてしまいました。今度はこっちのほうへ……
> 「ドカンッ！」 おや、船尾のほうも壊れてしまいました。今度はどこへ？
> 「ドカンッ！」 あーあ、これではもう舟とは言えません。どんどん沈んでいきます。

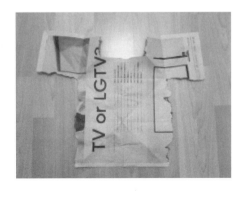

16. 壊れた舟を開くと救命胴着に！

> でも大丈夫。舟には救命胴着が装備されています。これを着れば沈まないんですよ。
> あー、よかった。
> おしまい！

4 模造紙を使ったお話「コートのお話」

　裏と表に絵を描いた模造紙を、次々にたたみながら話を進めます。繰り返しが楽しいお話です。最後にどうなったのか？　お楽しみです。

　なるべく大きな白い紙に、絵の具、クレヨンなどを準備して早速作ってみましょう。
　ここでは男の人バージョンを紹介しますが、女の人バージョンも作ってみましょう。

裏　　　　　　　　　表

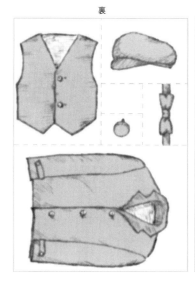

〔コートが書いてある表面を見せて〕

昔　1人の男がコートを作りました
けれど　何年も着ているうちに
コートはぼろぼろになり
着られなくなってしまいました

〔裏に返して半分に折る。ブレザーを見せる〕

そこで　男はそのコートをブレザーに直しました
けれど　何年も着ているうちに
そのブレザーもぼろぼろになり
着られなくなってしまいました

〔もう半分に折ってベストを見せる〕

そこで　男はそのブレザーをベストに直しました
けれど　何年も着ているうちに
そのベストもぼろぼろになり
着られなくなってしまいました

〔さらに半分に折って帽子を見せる〕

そこで　男はそのベストを帽子に直しました
けれど　何年もかぶっているうちに
その帽子もぼろぼろになり
かぶれなくなってしまいました

〔さらに半分に折って蝶ネクタイを見せる〕

そこで　男はその帽子を蝶ネクタイに直しました
けれど　何年も締めているうちに
その蝶ネクタイもぼろぼろになり
締められなくなってしまいました

〔さらに半分に折ってボタンを見せる〕

そこで　男はその蝶ネクタイを
くるみボタンに直しました
けれど　そのくるみボタンもぼろぼろになり
使えなくなってしまいました

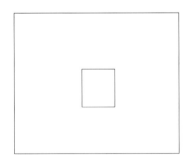

〔さらに半分に折って白い面を見せる〕

そこで　男は……　何を作ったと思います？

男は　この話を作ったのです
話はいつまでたってもぼろぼろになりませんからね
おしまい！

5 画用紙を使ったお話「いないいないばあ」

画用紙2枚でできる「いないいないばあ」です。紙の両端を持って引っ張ると、パッと場面が変わります。この仕掛けを使っていろいろなパターンができます。

例

「わたしのなまえは」 → 「〇〇　〇〇」

「お花のつぼみの絵」 → 「大きく咲いたお花の絵」

「なぞなぞの問題」 → 「答え」　　　　　　　など

白い画用紙を1枚半、絵の具、クレヨンなどを準備して早速作ってみましょう。

1．1枚の画用紙を真ん中で2つ折に、さらに半分に折り返し、4つ折にします。

2．2つ折の形に戻し、真ん中から4分の1の折り目のところまで切り目を入れます（切り目は5、6か所）。

3．縦の長さが同じで、幅が4分の1の大きさの紙を2枚用意します（半分の画用紙を縦長に2つ折にして切る）。
「2」で作った切り目に互い違いにくぐらせていきます。

4．「3」を一度折りたたみ、真ん中に指をかけて開きます。

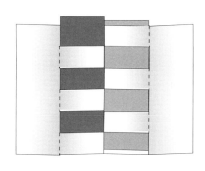

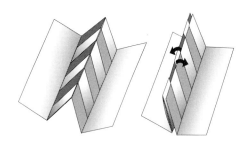

5．開いた面に最初の絵を描きます。

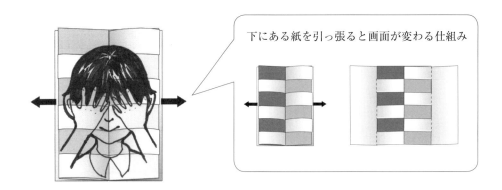

下にある紙を引っ張ると画面が変わる仕組み

6．(「5」で示したように) 絵を描いた面の下にある紙を引っ張ると新しい面が出てきます。

そこに2番目の絵を描けば、完成です。

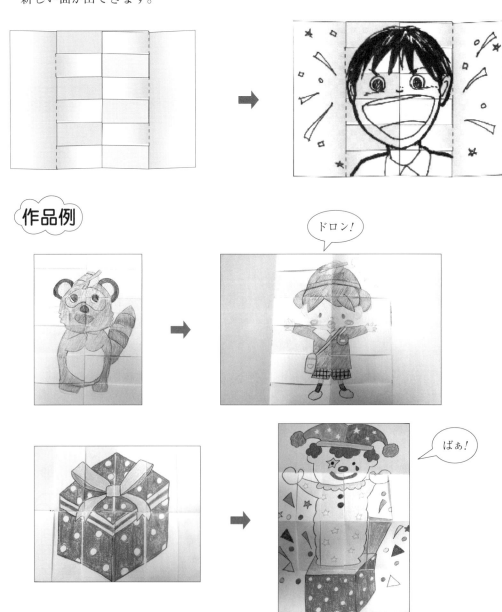

作品例

ドロン！

ばぁ！

実践例5　クリア・シアター「いろんなかたちでへんしんだ！」

　ペープサートでも、パネルシアターでもない、新しいシアターの登場です。

　クリア・シアターは、マル○やサンカク△などの単純な図形の入った透明なシートを重ねていくと、最後に一つの絵が完成してしまうというのが特長です。子どもたちの想像力をふくらませる、おもしろいクリア・シアターの世界を楽しみましょう。

●クリア・シアターの作り方

（材料と留意点）

透明なシート（塩ビ板などのプラスチック板、もしくは、硬質カードケース、クリアファイルなど）

- プラスチック板は360㎜×300㎜の規格サイズのものがよいでしょう。厚さは0.5㎜以下のものが加工しやすく扱いやすいです（反対にペラペラの薄いシートは演じるときに持ちにくいです）。
- 硬質カードケース、クリアファイルは、B4規格サイズ（380㎜×270㎜）のものを切るとよいでしょう。
- 重ねていくと曇ってくる場合もあるので、透過性が高いものを選んでください。
- 枚数は、1つのモチーフごとに4枚程度がよいでしょう（後述しますが、ここでは4枚で完成するよう採譜しています）。
- 尖った角でけがをしないよう、シートの角は丸く切り取りましょう。

発泡スチロール板（もしくはダンボール板）

- クリア・シアターのボード（舞台）になります。準備した透明なシートと同じサイズにそろえると演じる際に扱いやすくなります。

色画用紙（適宜）

- クリア・シアターのボードと透明なシートの図形に用います。ボードには実際に重ねるシートの図形の色が映える背景色を選ぶとよいでしょう。

そのほか、はさみ、ボンド（もしくは両面テープ）などを準備しましょう。

（作り方）

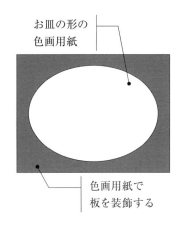

お皿の形の色画用紙

色画用紙で板を装飾する

1．発泡スチロール板（またはダンボール板）に色画用紙をはり、その上にお皿の形の色画用紙をはりつけます。

　お皿のボードの完成です！　ちょうどテーブルの上にお皿が載っている状態ですね。

2．（ここでは、次の演じ方で紹介する「おだんご」を例に説明します）

　透明なシートに様々な図形に切った色画用紙をはります。重ねることで一つの絵が完成しますので、実際に重ねながらバランスよくはっていきましょう。

　また、シートのはしなど目立たない位置に重ねる順番を小さくつけておくと、演じる際に分かりやすく便利になります。

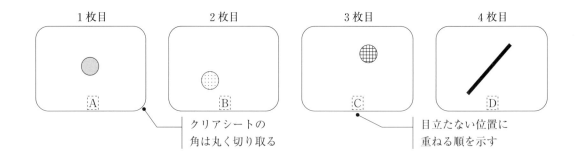

クリアシートの角は丸く切り取る

目立たない位置に重ねる順を示す

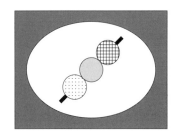

3．お皿のボードにそれぞれのシートを重ねてみると……「おだんご」になりました！

　重ねて完成する絵の位置についても、ボードのお皿の上に載る位置になるよう注意しましょう。

●クリア・シアター「おだんご」の演じ方とそのポイント

・次の「いろんなかたちでへんしんだ」を歌いながら演じてみましょう。1小節目の「まるまるま～る」は、図形に応じて歌詞を変えて歌いましょう。

いろんなかたちでへんしんだ

詞・曲：どばしくみこ

・歌いながら「A（1枚目）」の前に「B（2枚目）」、「B」の前に「C（3枚目）」と重ねていきましょう。

1．A

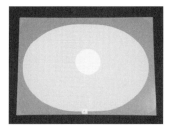

♪まるまるま〜る
〔1枚目（A）をお皿のボードに重ねる〕

2．A＋B

♪まるまるま〜る
〔（A）の前に2枚目（B）を重ねる〕

3．A＋B＋C

♪まるまるま〜るで
　　へんしんだぁ！
〔（B）の前に3枚目（C）を重ねる〕

4．D

♪「なにができるかな？」
♪パンパカパ〜ン♪
〔円を描くようにくるりとまわしながら、4枚目（D）を取り出す〕

5．A＋B＋C＋D

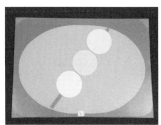

♪おだんご　でき　た！
　　　　ジャ〜ン！
〔（D）は串なので、「A」の後ろに重ねること！〕

実践例5

- 「♪『なにができるかな？』パンパカパーン……」と歌いながら最後の「D（4枚目）」のシートを重ねる場面では、子どもたちに期待を持たせるように、円を描きながら取り出してみるとよいでしょう。
- 1人が舞台とシートを持つ役、もう1人が順にシートを重ねる役になり、一緒に歌いながら演じてもよいでしょう。1人で演じる場合は、舞台をイーゼルや壁などに立てかけておこないましょう。
- いろいろな図形や色の組み合わせで、食べ物のほかにも生き物や乗り物など楽しいものができます。各シートの図形の配置や重ねる順番を工夫しましょう。そして、子どもたちと一緒に考えて、いろいろなものを作ってみましょう。

例

おにぎり、プチトマト、いちご、アイスクリーム、目玉焼き、おでんなどの食べ物
ねずみ、くま、ぱんだ、カエルなどの生き物
ロケット、くるま、電車、ロボットなどの乗り物や子どもの興味や関心をひくもの
　　　　　　　　　　　　　　　　　　　　　　　　　　　　　　　　　　　　　など

できたものは、隣に並べて立てかけたり、壁にはったりすると楽しいでしょう。
それでは、いくつかクリア・シアターの作品を紹介します。

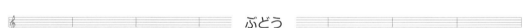
ぶどう

1. A
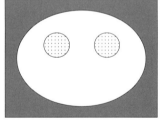
♪まるまるま〜る

2. A + B
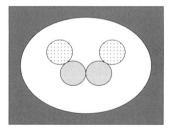
♪まるまるま〜る

3. A + B + C
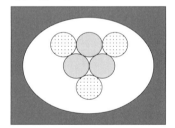
♪まるまるま〜るで
　　　へんしんだぁ！

4. D

♪「なにができるかな？」
♪パンパカパ〜ン♪

5. A + B + C + D
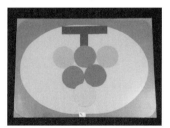
♪ぶどうが　で　き　た！
　　　　　　ジャ〜ン！

さくらんぼ

1. A
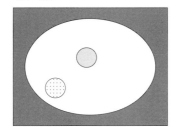
♪まるまるま〜る

2. A + B
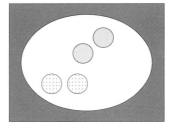
♪まるまるま〜る

3. A + B + C
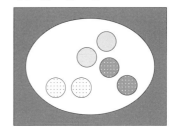
♪まるまるま〜るで
　　へんしんだぁ！

4. D

♪「なにができるかな？」
♪パンパカパ〜ン♪

5. A + B + C + D

♪さくらんぼ で き た！
　　ジャ〜ン！

キャンディー

1. A
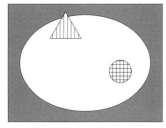
♪さんかくま･-る

2. A + B
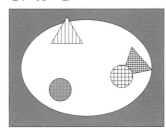
♪さんかくま -る

3. A + B + C
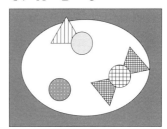
♪さんかくま- るで
　　へんしんだぁ！

4. D
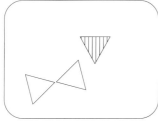
♪「なにができるかな？」
♪パンパカパ〜ン♪

5. A + B + C + D
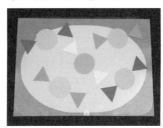
♪キャンディー できた！
　　ジャ〜ン！

実践例6　「ぱたぱたカード(エンドレスカード)」を使ったお話を作りましょう

ぱたぱたカードを使って、4つの場面の変化を楽しむお話を作ってみましょう。
お話はくるくる回って元に戻るとおもしろいです。何度でもくるくる回して楽しみましょう。
A3の大きさの紙を用意します（A4サイズで一度作ってから、大きなサイズで作ってみるとよいでしょう）。

①実線を切る。
②点線を切る。

③それぞれ、3回ずつ折り、折り目をつける。

④AとBを印が上になるように、観音開きに折る。

裏返して
重ねる

⑤CとDの印と同じ印を重ね合わせて、のりで貼る。

///のりの部分

⑥必要な折り目を、パタパタ返しながらつけていく。

写真を参考に！

⑦絵を描いて出来上がり。

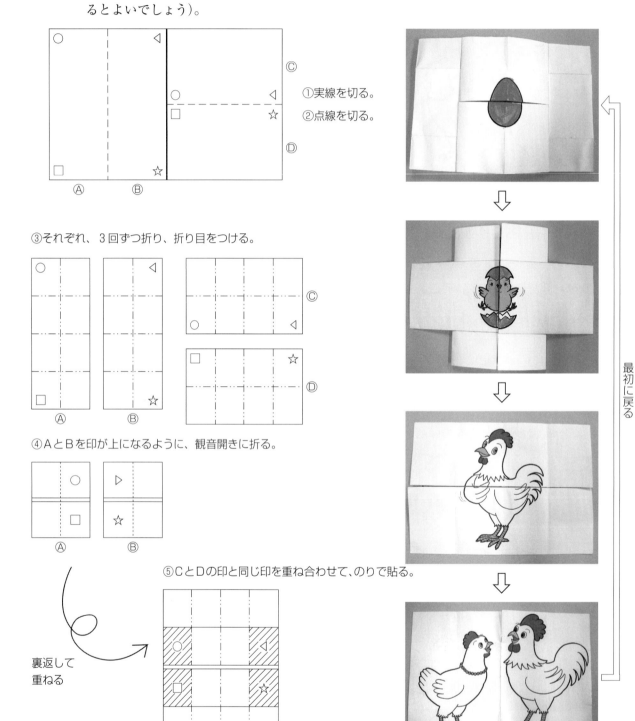

1章 幼児期における国語教育
―― 文字環境への配慮と小学校との連携

　ここでは、小学校との連携を視野に入れた、幼児期における国語教育について学びます。
　「国語」というと、小学校に上がってから勉強するものと思われがちですが、幼児期から国語教育にふれることで、小学校以降の学習の基盤を築くことができます。そして、いうまでもなく、領域「言葉」と小学校の国語教育は関連深いのです。
　保育者が幼児期の国語教育をどのように小学校以降の学習につなげていくかを意識し、言葉や文字環境を整え、保育活動として提供することができれば、より幼児の豊かな成長につながっていくことでしょう。

1 領域「言葉」について考えましょう

　2018年（平成30）年から実施の、新幼稚園教育要領、保育所保育指針、そして幼保連携型認定こども園教育・保育要領にあげられている、領域「言葉」を読み比べ、空欄を埋めていきましょう。

（1）領域「言葉」について理解しましょう

《幼稚園教育要領》	《保育所保育指針》		《幼保連携型認定こども園教育・保育要領》	
経験したことや考えたことなどを自分なりの（　　）で表現し、相手の話す言葉を聞こうとする（　　）や（　　）を育て、言葉に対する（　　）や言葉で（　　）する力を養う。	1歳以上3歳未満児の保育に関わるねらい及び内容	3歳以上児の保育に関するねらい及び内容	満1歳以上満3歳未満の園児の保育に関わるねらい及び内容	満3歳以上の園児の教育及び保育に関するねらい及び内容
	経験したことや考えたことなどを自分なりの言葉で表現し、相手の話す言葉を聞こうとする意欲や態度を育て、言葉に対する感覚や言葉で表現する力を養う。			

（２）領域「言葉」のねらいについて理解しましょう

《保育所保育指針》	《幼保連携型認定こども園教育・保育要領》
１歳以上３歳未満児の保育に関わるねらい	満１歳以上満３歳未満の園児の保育に関わるねらい
①言葉遊びや言葉で表現する（　　　）を感じる。 ②人の言葉や話などを聞き、自分でも（　　　　　）を伝えようとする。 ③絵本や（　　　）等に親しむとともに、言葉のやり取りを通じて身近な人と（　　　　）を通わせる。	(1)言葉遊びや言葉で表現する楽しさを感じる。 (2)人の言葉や話などを聞き、自分でも思ったことを伝えようとする。 (3)絵本や物語等に親しむとともに、言葉のやり取りを通じて身近な人と気持ちを通わせる。

《幼稚園教育要領》	《保育所保育指針》	《幼保連携型認定こども園教育・保育要領》
(1)自分の気持ちを（　　　　）で表現する楽しさを味わう。 (2)人の言葉や話などをよく聞き、自分の経験したことや考えたことを話し、（　　　　）喜びを味わう。 (3)（　　　　）に必要な言葉が分かるようになるとともに、（　　　　）や物語などに親しみ、言葉に対する感覚を豊かにし、先生や（　　　　）と心を通わせる。	３歳以上児の保育に関わるねらい	満３歳以上の園児の教育及び保育に関わるねらい
	①自分の気持ちを言葉で表現する楽しさを味わう。 ②人の言葉や話などをよく聞き、自分の経験したことや考えたことを話し、伝え合う喜びを味わう。 ③日常生活に必要な言葉が分かるようになるとともに、絵本や物語などに親しみ、言葉に対する感覚を豊かにし、保育士等や友達と心を通わせる。	(1)自分の気持ちを言葉で表現する楽しさを味わう。 (2)人の言葉や話などをよく聞き、自分の経験したことや考えたことを話し、伝え合う喜びを味わう。 (3)日常生活に必要な言葉が分かるようになるとともに、絵本や物語などに親しみ、言葉に対する感覚を豊かにし、保育教諭等や友達と心を通わせる。

（３）領域「言葉」の内容について理解しましょう

《保育所保育指針》	《幼保連携型認定こども園教育・保育要領》
１歳以上３歳未満児の保育に関わる内容	満１歳以上満３歳未満の園児の保育に関わる内容
①保育士等の（　　　　）な関わりや話しかけにより、自ら（　　　　）を使おうとする。 ②（　　　　）に必要な簡単な言葉に気付き、聞き分ける。	(1)保育教諭等の応答的な関わりや話し掛けにより、自ら言葉を使おうとする。 (2)生活に必要な簡単な言葉に気付き、聞き分ける。

③親しみをもって日常の（　　　）に応じる。	(3)親しみをもって日常の挨拶に応じる。
④絵本や（　　　）を楽しみ、簡単な言葉を繰り返したり、（　　　）をしたりして遊ぶ。	(4)絵本や紙芝居を楽しみ、簡単な言葉を繰り返したり、模倣をしたりして遊ぶ。
⑤保育士等と（　　　）遊びをする中で、言葉のやり取りを楽しむ。	(5)保育教諭等とごっこ遊びをする中で、言葉のやり取りを楽しむ。
⑥保育士等を（　　　）として、生活や遊びの中で友達との言葉のやり取りを楽しむ。	(6)保育教諭等を仲立ちとして、生活や遊びの中で友達との言葉のやり取りを楽しむ。
⑦保育士等や友達の言葉や話に（　　　）や関心をもって、聞いたり、話したりする。	(7)保育教諭等や友達の言葉や話に興味や関心をもって、聞いたり、話したりする。

《幼稚園教育要領》	《保育所保育指針》	《幼保連携型認定こども園教育・保育要領》
	3歳以上児の保育に関わる内容	満3歳以上の園児の教育及び保育に関わる内容
(1)先生や友達の言葉や話に（　　　）や関心をもち、親しみをもって聞いたり、話したりする。	①保育士等や友達の言葉や話に興味や関心をもち、親しみをもって聞いたり、話したりする。	(1)保育教諭等や友達の言葉や話に興味や関心をもち、親しみをもって聞いたり、話したりする。
(2)したり、見たり、聞いたり、感じたり、考えたりなどしたことを（　　　）に言葉で表現する。	②したり、見たり、聞いたり、感じたり、考えたりなどしたことを自分なりに言葉で表現する。	(2)したり、見たり、聞いたり、感じたり、考えたりなどしたことを自分なりに言葉で表現する。
(3)したいこと、してほしいことを（　　　）で表現したり、分からないことを尋ねたりする。	③したいこと、してほしいことを言葉で表現したり、分からないことを尋ねたりする。	(3)したいこと、してほしいことを言葉で表現したり、分からないことを尋ねたりする。
(4)人の話を注意して聞き、（　　　）に分かるように話す。	④人の話を注意して聞き、相手に分かるように話す。	(4)人の話を注意して聞き、相手に分かるように話す。
(5)生活の中で必要な（　　　）が分かり、使う。	⑤生活の中で必要な言葉が分かり、使う。	(5)生活の中で必要な言葉が分かり、使う。
(6)親しみをもって日常の（　　　）をする。	⑥親しみをもって日常の挨拶をする。	(6)親しみをもって日常の挨拶をする。
(7)生活の中で言葉の楽しさや（　　　）に気付く。	⑦生活の中で言葉の楽しさや美しさに気付く。	(7)生活の中で言葉の楽しさや美しさに気付く。
(8)いろいろな体験を通じて（　　　）や言葉を豊かにする。	⑧いろいろな体験を通じてイメージや言葉を豊かにする。	(8)いろいろな体験を通じてイメージや言葉を豊かにする。
(9)絵本や物語などに親しみ、（　　　）をもって聞き、（　　　）をする楽しさを味わう。	⑨絵本や物語などに親しみ、興味をもって聞き、想像をする楽しさを味わう。	(9)絵本や物語などに親しみ、興味をもって聞き、想像をする楽しさを味わう。
(10)日常生活の中で、（　　　）などで伝える楽しさを味わう。	⑩日常生活の中で、文字などで伝える楽しさを味わう。	(10)日常生活の中で、文字などで伝える楽しさを味わう。

（４）子どもたちとの「言葉」を通したかかわりの重要性について理解しましょう

　前項で確認したように、要領、指針において、領域「言葉」は、言葉の獲得に関する領域に位置づけられています。

　ここでは、領域「言葉」の内容にふれ、子どもたちに対して保育者がどのように「言葉」を用い、かかわっていくことが大切なのかを考えます。

　要領の「第2章　ねらい及び内容」にある領域「言葉」のうち、「3　内容の取扱い」の（1）を読んでみましょう。

> 　言葉は、身近な人に親しみをもって接し、自分の感情や意志などを伝え、それに相手が応答し、その言葉を聞くことを通して次第に獲得されていくものであることを考慮して、幼児が教師や他の幼児と関わることにより心を動かすような体験をし、言葉を交わす喜びを味わえるようにすること。

　この留意事項について、幼稚園教育要領解説には以下のようにあります（下線筆者）。

> 　幼児期の言葉の発達は、個人差が大きく、表現の仕方も自分本位なところがあったりする。しかし、教師や友達との関わりの中で、心を動かされるような体験を積み重ね、それを言葉で伝えたり、教師や友達からの言葉による働き掛けや様々な表現に触れたり、言葉でやり取りしたりすることによって、次第に自分なりの言葉から人に伝わる言葉になっていき、場面に応じた言葉が使えるようになっていくのである。
> 　教師は、このような幼児の言葉の発達や人との関わりを捉えそれに応じながら、<u>正しく分かりやすく、美しい言葉を使って</u>幼児に語り掛け、言葉を交わす喜びや豊かな表現などを伝える<u>モデル</u>としての役割を果たしていくことが大切である。

　子どもと話すには言葉を交わします。幼稚園教育要領解説に示されているように、教師は「正しく分かりやすく、美しい言葉」を使うことが基本です。「言葉を交わす喜びや豊かな表現などを伝えるモデルとしての役割」を担っていることを忘れてはいけません。

　子どもはまねをすることが大好きです。まねをすることで、新たな世界を広げていきます。子どもとかかわる教師は、常に自分の言葉遣いを意識しましょう。友だち感覚で話していると、その言葉遣いを子どもがまねてしまうことも考えられます。

　自分の言葉遣いはどうだろう、「正しく分かりやすく、美しい言葉」だろうかといつも心に思いながら、「言葉」について考えていきましょう。

2 小学校との連携について考えましょう

小学校との連携を考える上で、幼稚園教育要領の「第1章 総則 第3 教育課程の役割と編成等」にある「5 小学校教育との接続に当たっての留意事項」の（1）を読み、必要な文言を記入しましょう。

> 幼稚園においては、幼稚園教育が、（　　　）以降の生活や（　　　）の基盤の育成につながることに配慮し、（　　　）にふさわしい生活を通して、（　　　）な思考や主体的な（　　　）などの基礎を培うようにするものとする。

指針では、「第2章 保育の内容」にある「4 保育の実施に関して留意すべき事項」のうち、「（2）小学校と連携」のアにも小学校との連携に関する記述があります。

> 保育所においては、保育所の保育が、小学校以降の生活や学習の基盤の育成につながることに配慮し、幼児期にふさわしい生活を通して、創造的な思考や主体的な生活態度などの基礎を培うようにすること。

教育・保育要領では、「第1章 総則」にある「第2 教育及び保育の内容並びに子育て支援等に関する全体的な計画等」のうち、「1.（5）小学校教育との接続に当たっての留意事項」のアに記述があります。

> 幼保連携型認定こども園においては、その教育及び保育が、小学校以降の生活や学習の基盤の育成につながることに配慮し、乳幼児期にふさわしい生活を通して、創造的な思考や主体的な生活態度などの基礎を培うようにするものとする。

このように、幼稚園、保育所、幼保連携型認定こども園も、そこで展開される教育・保育が小学校以降の生活や学習の基盤の育成につながることの重要性をあげています。

3 幼児期の国語教育につながる文字環境について理解しましょう

小学校の国語教育で重要になってくるのが「文字」です。ここでは、子どもたちの「言葉」の発達の過程である「話し言葉から文字へ」に注目したいと思います。保育現場において、小学校の学習の基盤として、文字にどのように親しむのかが重要になっています。子どもたちの豊かな言葉の生活を育むために、どのような文字環境を考えることが必要でしょうか。それでは、幼稚園教育要領解説（要領の「第2章 ねらい及び内容」にある領域「言葉」のうち、「2　内容」の「(10)日常生活の中で、文字などで伝える楽しさを味わう」の解説（以下、『解説』とします））に沿って、幼児期の国語教育につながる文字環境について考えてみましょう。

(1)「文字」の機能について理解しましょう

『解説』に沿って、幼児の日常生活にある文字、絵、標識などの記号の機能について、必要な文言を記入しましょう。

　　幼児の日常生活の中にある文字、絵、標識などの記号には、（　　　）などのように所属や所有を示すこと、看板や（　　　）などのように内容を表示すること、さらには、書物や（　　　）などのように書き手の（　　　）を伝達することなど様々な機能がある。幼児期は、大人と共に生活する中で文字などの記号のこのような機能に気付き、日常生活の中で使用する意味を学んでいく時期である。

　以下に、子どもたちの「話し言葉から文字へ」の発展過程について図示しました。保育現場での実践において、言葉や文字についての活動などを意識する必要性の有無について、理解できることでしょう。

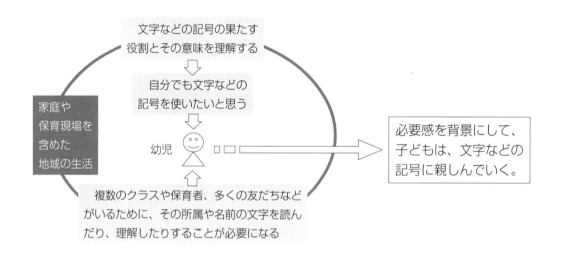

(2)保育現場等での文字を使った環境、活動や遊びについて考えましょう

　子どもは、文字を読み書きできなくても、早い時期から文字の存在に気づき、「話す言葉」と「書く言葉」があることを分かっています。例えば、自分で文字を読むことのできない子どもが「これ読んで」と絵本を持ってくる場合です。これは、絵本の中に「書く言葉」（文字）があることを分かっていると言い換えることができます。そのように考えると、保育の現場には、多くの文字環境が存在していることに気づきます。私たちは、保育の場において子どもたちが、言葉、文字に対して関心を示していくさまに出会うことになります。

　それでは、あなたが幼少の頃、文字や言葉にふれた活動などで思い出に残っているものを書いてみましょう。

● 環境

保育現場の環境には、様々な文字が使われています。

例えば、保育室では、どのような文字が使われているのでしょうか。先ほど学んだ「文字」の機能ごとに、保育室の環境を構成しているものについて書き出してみましょう。

所属や所有を示す	
内容を表示する	
意志を伝達する	

日々、子どもたちが過ごす保育現場などにおいて、言葉や文字にふれる環境を整え、これらを意識して子どもたちにかかわることの重要性を理解しましょう。

● 活動や遊び

子どもの読み書きに関しての関心や能力には個人差があります。保育者は一人ひとりの子どもに対して配慮する必要があります。文字などの記号に関心のある子どもは、5歳くらいになれば、ある程度ひらがなを読めるようになるでしょう。そのような子どもたちを対象とした保育現場等での文字を使った活動や遊びとして、次のような例があります。

「カレンダー作り」「七夕の短冊作り」「お正月の書き初め」「かるた遊び」
「しりとり遊び」「郵便ごっこの葉書、手紙作り」「レストランごっこのメニュー作り」
など

グループ表作り

カード作り

えにっき作り

保育場面や行事に応じた活動だけでなく、子どもたちは遊びの時間に自分で絵本を読んだり、友だちに絵や手紙を書いて渡したりと、文字を読む、使う、伝えるといった楽しさにふれるようになります。

　このような活動や遊びは、子どもの文字などの記号に対しての関心の度合いによって、他年齢の子どもが楽しむ場合もあります。文字を読み書きできなくても、「文字にふれる」「文字を伝える」楽しさを味わう段階的な機会としてとらえられるものです。

（3）文字などの記号に親しむ過程で配慮する点を考えましょう

　『解説』に沿って、文字などの記号に親しむ過程で配慮する点を考えましょう。

　幼児期の国語教育について、領域「言葉」、小学校との連携、文字環境への配慮の理解を通して学んできました。幼児期に文字環境にふれることは、小学校以降の生活や学習の基盤の育成につながるといえます。

　幼児期の国語教育とは、遊びや生活の中で、文字や言葉に自然にふれることからはじまります。遊びや生活の中で楽しみながら、文字に親しみを持たせる工夫をすることを考えていきましょう。

第2章 言語表現教材を使った実践
――子どもたちと一緒に楽しむために

1 ペープサート・人形・パネルシアターを使って発表しましょう

みなさんは、これまでに様々な言語表現教材について学んできました。

ここでは、「ペープサート」「人形」「パネルシアター」のうち、どれかを選んで作品を作り、グループに分かれてみんなの前で発表しましょう。

（1）発表の前に確認しましょう

発表に先立ち、次の確認事項をチェックしましょう。

● 手作りのものを発表する

「My best　なんでもボックス」で発表した作品は使えません。新しい構成案・作品作りに挑戦してください。次の実践のヒントを活用したり、いろいろな情報を集めたりして、そのアイデアを実践発表に活かしてください。

実践のヒント

種　類	演目の例	
物語	『おおきなかぶ[*1]』『三びきのこぶた[*2]』	など
なぞなぞ・クイズ	「オタマジャクシは大きくなったら何になるでしょうか？／カエル」 「この白い花は何の花でしょうか？／ピーマン」 「だれの耳でしょうか？／うさぎ」	など
歌	『チューリップ[*3]』『犬のおまわりさん[*4]』『こぶたぬきつねこ[*5]』	など
ゲーム	「にらめっこ」「じゃんけん」「変身ゲーム」「おおきくなあれ」	など
生活習慣・行事	「花に水をやる／咲いた花⇔しぼんだ花」 「歯磨き／きれいな歯⇔虫歯」	など

[*1] A・トルストイ作（内田莉莎子訳）　佐藤忠良画　福音館書店　1966年

[*2] イギリス民話

[*3] 近藤宮子作詞、井上武士作曲

[*4] 佐藤義美作詞、大中恩作曲

[*5] 山本直純作詞・作曲

● 作品に必要な備品を確認する

実践にあたって必要となる備品について、養成校（あるいは、実習先）にあるものを利用させていただけるのか事前に確認しましょう。

●時間は5～10分でできるもの

　発表に要する時間を設定し、時間の設定枠内にちょうど収まる活動内容の構成を練りましょう。実際に子どもたちの前で実践すると、練習した通りの時間にはいかないことが多いです。ですが、計画段階で与えられた時間を守るように計画を立てることは大切です。特に短くならないように気をつけましょう。

●練習をする

　台本や資料を見ながらの発表は原則認めません。発表にかかる時間を計りながら、事前に練習を重ねましょう。

　また、子どもに**分かる言葉**を意識して語りましょう。

●アドバイスを交換し合う

　グループメンバーの発表を見て、よかったところ、工夫したほうがよいところなど気づいたことをお互いにアドバイスしましょう。

　巻末資料『実践メモ』をグループメンバーの人数分準備します。

　メンバーの名前と「一言アドバイス」をメモして、発表後に交換し合いましょう。

　発表に要した時間を計ってください。メンバーの前で実践して、自分の計画した時間とどれだけ違っていたのか確認しましょう。

（2）「ペープサート・腕人形・パネルシアターを使った保育実践案」を作成しましょう

　巻末資料「ペープサート・人形・パネルシアターを使った保育実践案」を作成し、実践に臨みます。

　ここでは、作った作品を実践するための計画を立案しましょう。どのように子どもの前で演じてみせるかの計画を立てます。次の作成の手順を確認しながら「ペープサート・人形・パネルシアターを使った保育実践案」に記入していきましょう。

●名前には印鑑を押す

　4章で学んだように、自分が作成したことを証明するものとして押印をします。実習園に提出する指導計画案などにも印鑑を押すことは多いです。必ず印鑑を押したことを確認してください。

●選んだ題材

　ペープサート・人形・パネルシアターのうち、自分が選んで作った作品にマルをつけましょう。そして、作品がどのような内容なのか、ほかの人が読んで、その内容が理解できるように書いてください。

●選択理由

　なぜその教材を選んだのか、理由を述べてください。

● 場面設定

　3歳、4歳、5歳児向けのうち、作品にあった年齢にマルをつけましょう。

　いつ、どのような場面で保育実践をするのに適しているのか想定して記入しましょう。

　例えば、朝の集会、昼食の後、午睡の前、降園前の集会などです。

● 時間

　練習のときに時間を計って、導入、展開、まとめにそれぞれどのくらいの時間がかかるかを記入しましょう。例えば、全体で8分の作品に、導入に4分もかけていては、子どもたちに作品のおもしろさをうまく伝えることができないでしょう。

　作品全体にかかる時間を、この欄の一番下に必ず書いておきます。

● 進め方

　「導入」から「展開」、そして「まとめ」の流れで、自分のセリフや教材の動かし方など手順を記入します。子どもたちとのやりとりを想定しながら考えましょう。

　「みなさん、こんにちは！」からはじまって、今から演じる作品の紹介を導入で語ります。それから、いよいよ実践です。手順を箇条書きにして、実践で抜かりのないようにしましょう。

　まとめは子どもたちからの声を聞きながら、さらりと終わりましょう。「おしまい！」の一言をていねいに言って、現実の世界に戻ってきてください。

● 作品のイラスト

　簡単にどのような作品なのかを絵に描いてください。すべてを描く必要はありません。

● 留意点

　演じるために準備すること（例えば、CDなどで音楽をかける、パネルシアターの絵人形を出す順番に重ねてパネル板の後ろに置く、自分の立つ位置が子どもによく見えるかを確認するなど）や、展開のときに忘れず配慮しなければならないこと（例えば、人形がしゃべっているように動かしているか、教材を扱うときに子どもに背を向けていないか）などを書きましょう。

2　言語表現教材を使った自己紹介をしましょう

　最後に、巻末資料「自己紹介の部分実習指導案」を作成し、実践しましょう。

　みなさんが、教育・保育実習で最初に取り組むことになるのは自己紹介です。「○○大学から来ました、○○です。よろしくお願いします」ではなく、もっと魅力のある自己紹介を考えてみませんか？　子どもたちとぐっと仲良くなれるよいチャンスです。今まで学んだことを活かして、素敵な自己紹介を考えましょう。

　ここでは、実際に実習に伺う幼稚園や保育園のクラスを想定して、自己紹介の部分実習

指導案を立案します。次の留意点などを確認しながら「自己紹介の部分実習指導案」に記入していきましょう。

●発表の形式について

　3人1組になって、3人で10分から12分程度の計画を立ててみましょう。

　3人の言語表現教材が重ならないように話し合いましょう。内容は、なんでもボックスなどのパネルシアター、人形やペープサートなどを使って、自分の名前を使ったクイズや言葉遊びをしてもよいですし、教材を使った手遊び、歌遊びやなぞなぞ、ゲームなども楽しいでしょう。まず自分の名前を言ってから、絵本や紙芝居を読むという展開でもよいです。

　3人で12分の時間配分にしたのであれば、2人がそれぞれ3分の計画を立て、3人目が6分間で絵本を読むという展開の仕方になっても結構です。

●自己紹介の内容を考える

　実践する日時を考えて、作品を選びましょう。季節にあっているか、年齢や発達段階に即しているか、クラスの人数に対応できるか、時間内に終わらせることのできる内容かを考えて選んでください。

●「自己紹介の部分実習指導案」を書く

　4章で部分実習指導案の書き方について勉強しました。再度書き方について確認しながら記入しましょう。

●事前に準備物や保育環境について、担任と打ち合わせをする

　実際に教育・保育実習などの授業で保育現場に出かけて実施する場合には、保育実践をさせていただくクラスの先生と、実践内容について打ち合わせをしましょう。

　クラスの人数や子どもの様子をお聞きして、実践内容が今の子どもたちにあっているのかを確認しましょう。また、保育実践をするときの子どもの態勢はどうするのか、イスや机は片付けるのか、ピアノやCDプレーヤー、パネルシアターの舞台などはお借りできるのか、いつ部分実習をさせていただくのかなどもお聞きし、子どもの実態にあわせた指導計画を作成しましょう。

　さあ、当日は笑顔で子どもたちと楽しんで実践してください！

参考文献一覧

〔実践例１〕
・藤田浩子編『おはなしおばさんのこっちむいて・おはなしおもちゃ』（おはなしおばさんシリーズ４）　一声社　2002年

〔２章〕
・斎藤良輔・角尾和子編『児童文化の研究──幼い子どもに豊かな文化を』川島書店　1987年
・鳥越信編『はじめて学ぶ日本の絵本史Ⅰ──絵入本から画帖・絵ばなしまで』（シリーズ・日本の文学史２）ミネルヴァ書房　2001年
・鳥越信編『はじめて学ぶ日本の絵本史Ⅱ──15年戦争下の絵本』（シリーズ・日本の文学史３）ミネルヴァ書房　2002年
・鳥越信編『はじめて学ぶ日本の絵本史Ⅲ──戦後絵本の歩みと展望』（シリーズ・日本の文学史４）ミネルヴァ書房　2002年

〔実践例２〕
・フラン・ストーリングス編、藤田浩子と「かたれやまんばの会」訳『英語と日本語で語る　フランと浩子おはなしの本　第２集』一声社　1999年
・藤田浩子編『こっちむいて・おはなしおもちゃ』（おはなしおばさんシリーズ４）　一声社　2002年

〔６章〕
・加藤暁子『日本の人形劇──1867-2007年』法政大学出版局　2007年
・川尻泰司『日本人形劇発達史・考』晩成書房　1986年

〔実践例４〕
・藤田浩子編『おはなしおばさんのきいてきいて・おはなし会』（おはなしおばさんシリーズ６）　一声社　2002年

〔７章〕
・松家まきこ『保育いきいき　パネルシアター』大東出版社　2008年
・松家まきこ『保育いきいき！　季節の歌のパネルシアター』大東出版社　2011年
・古宇田亮順・松家まきこ・藤田佳子『実習に役立つパネルシアターハンドブック』萌文書林　2009年

〔10章〕
・藤田浩子編『おはなしおばさんの小道具』（シリーズつくってあそんで７）　一声社　1996年
・藤田浩子編『続おはなしおばさんの小道具』（シリーズつくってあそんで10）　一声社　1998年
　藤田浩子編『こっちむいて・おはなしおもちゃ』（おはなしおばさんシリーズ４）　一声社　2002年

● 編著者紹介及び執筆分担（＊は編者）

＊松本　和美 ………………………………… 実践例1‐2,4,6・8章・9章⑥・10章・12章

鶴見大学短期大学部教授
兵庫教育大学大学院幼児教育専攻修了（教育学修士）
幼稚園教諭として勤務の後、香川短期大学准教授を経て現職に至る。
主な研究分野は、乳幼児期における国語教育、保育者の幼児理解に関することなど。
現在、保育者養成校等において保育内容研究（言葉）・国語表現法・教育実習などの
講義の傍ら、幼稚園・保育所・子育て支援セミナー、地域ボランティアなどで保育指
導や講演を行っている。

土橋　久美子 …………………… 1～5章⑤・6章・9章①−⑤・11章・実践例5,6

白百合女子大学准教授
文京学院大学大学院人間学研究科人間学専攻修了（人間学修士）
幼稚園教諭として勤務の後、保育者養成校での非常勤講師等を経て現職に至る。
主な研究分野は、保育現場における遊び文化の構築に関することなど。
現在、保育者養成校等において保育内容総論・保育指導法・保育内容演習（言葉）・
国語表現法・児童文化・教育実習などの講義の傍ら、伝承遊び普及活動や地域の子
もたちのリーダー育成指導にも関わっている。

松家　まきこ ……………………………………………… 実践例3・5章⑥−⑦・7章

淑徳大学准教授・パネルシアター作家
親子教室「ぴょんぴょんくらぶ」代表
大学4年時にパネルシアター作家としてデビュー。東京都公立幼稚園教諭を経て現職
に至る。現在、保育者養成校等の講義の傍ら、全国の子育て支援センターや研修会、
保育誌などで、コミュニケーションを育む「ふれあい遊び」「作品・教材づくり」を
提案している。保育月刊誌『POT』（チャイルド本社）、『ひろば』（メイト）におい
て「パネルシアター」「乳幼児のあそび」などの頁を連載中。

表紙イラスト：坂本　直子
本文イラスト：ミゾグチギコウ

保育に役立つ言語表現教材　第2版

2014年 4 月20日	初版第 1 刷発行
2018年 3 月 1 日	初版第 3 刷発行
2018年12月25日	第 2 版第 1 刷発行
2024年 3 月 1 日	第 2 版第 5 刷発行

編　　集　　松 本 和 美
発 行 者　　竹 鼻 均 之
発 行 所　　株式会社みらい
　　　　　　〒500‐8137　岐阜市東興町40　第5澤田ビル
　　　　　　TEL 058‐247‐1227(代)　FAX 058‐247‐1218
　　　　　　https://www.mirai-inc.jp/
印刷・製本　　サンメッセ株式会社

ISBN 978-4-86015-461-5　C3037
Printed in Japan　　　　　　乱丁本・落丁本はお取り替え致します。

-巻末資料-

1. 絵本選択カード
2. 紙芝居選択カード
3. おおきなかぶ
4. 折り込み型絵芝居のイラスト：やおや・ぱんや
5. 折り込み型絵芝居のイラスト：あしあとだあれ
6. 折り込み型絵芝居のイラスト：カレーライス
7. 絵本・紙芝居の部分実習指導案
8. うさぎのいないいないばあ
9. 犬のおまわりさん
10. 泣いている子猫
11. なんでもボックス
12. My best　なんでもボックス発表
13. エプロンシアター実践レポート
14. エプロンシアター発表評価票
15. ストーリーテリングの評価票
16. ストーリーテリング実践発表
17. ペープサート・人形・パネルシアターを使った保育実践案
18. 自己紹介の部分実習指導案

絵本選択カード

提出： 　　　年　　　月　　　日

学籍番号：　　　　　　　　　　　氏　名：

題　名	
出版社名／発行年月日	／
選択理由	
場面設定	

紙芝居選択カード

提出： 　　　年　　　月　　　日

学籍番号：　　　　　　　　　　　氏　名：

対象年齢	歳児向け
題　名	
借りた場所	
選択理由	
場面設定	

3．おおきなかぶ

※ 外枠に沿って切り取り、Ａ３の用紙に拡大コピーして使いましょう。

4．折り込み型絵芝居のイラスト：やおや・ぱんや

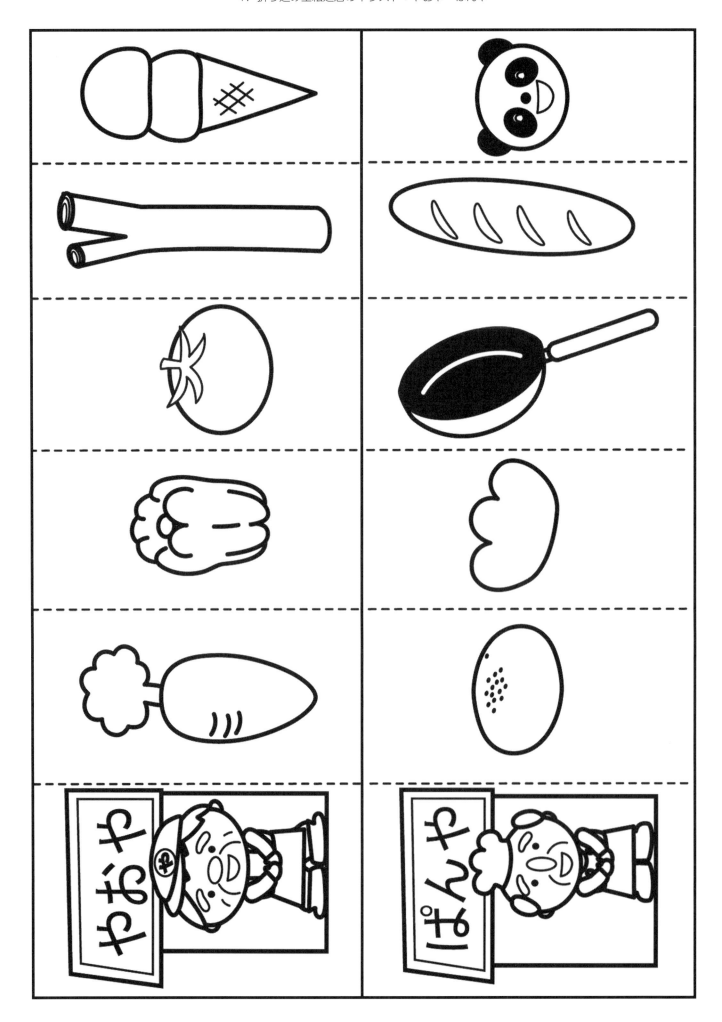

※　外枠に沿って切り取り、Ａ３の用紙に拡大コピーして使いましょう。

5．折り込み型絵芝居のイラスト：あしあとだあれ

6．折り込み型絵芝居のイラスト：カレーライス

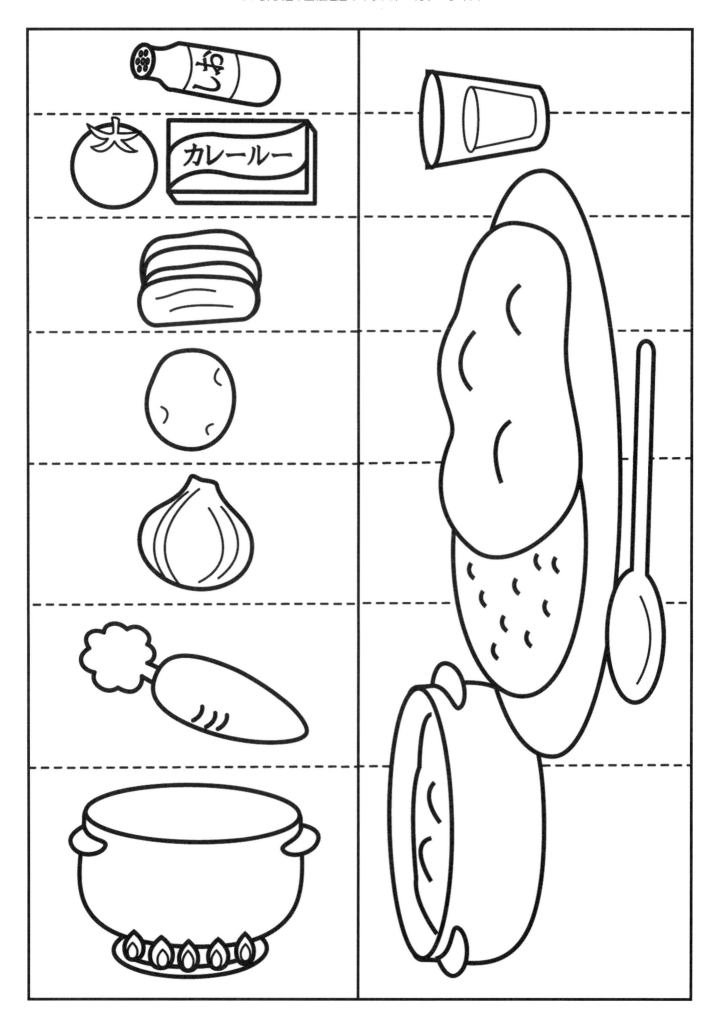

※　外枠に沿って切り取り、Ａ３の用紙に拡大コピーして使いましょう。

絵本・紙芝居の部分実習指導案

提出： 年　月　日

月　日（　曜日）	学籍番号	実習生氏名	印
クラス名　　　組	歳児　幼児数	男児　名・女児　名	計　名

子どもの実態

ねらい	活動名

時間	環境構成	子どもの活動	保育者の援助（○）と配慮（◆）

提出： 年　月　日

◆実践ノート◆　※印のところは、全員発表後に書きます。

〈仲間からのアドバイス〉	〈※自己評価：良かったところ〉
．	．
．	．
．	．
．	．
．	．　達成率　　　％

※　全員の発表を終えて（自分の発表の感想・仲間の発表の感想など）

※　自己課題（これから改善したい点・努力したい点など）

．

．

．

8．うさぎのいないいないばあ

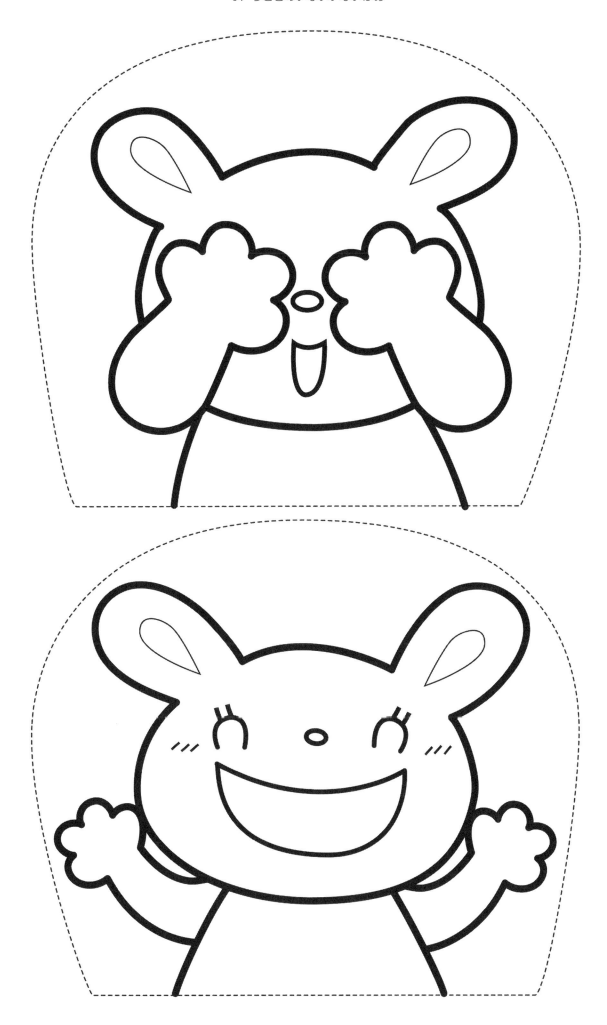

9．犬のおまわりさん

10. 泣いている子猫

11. なんでもボックス

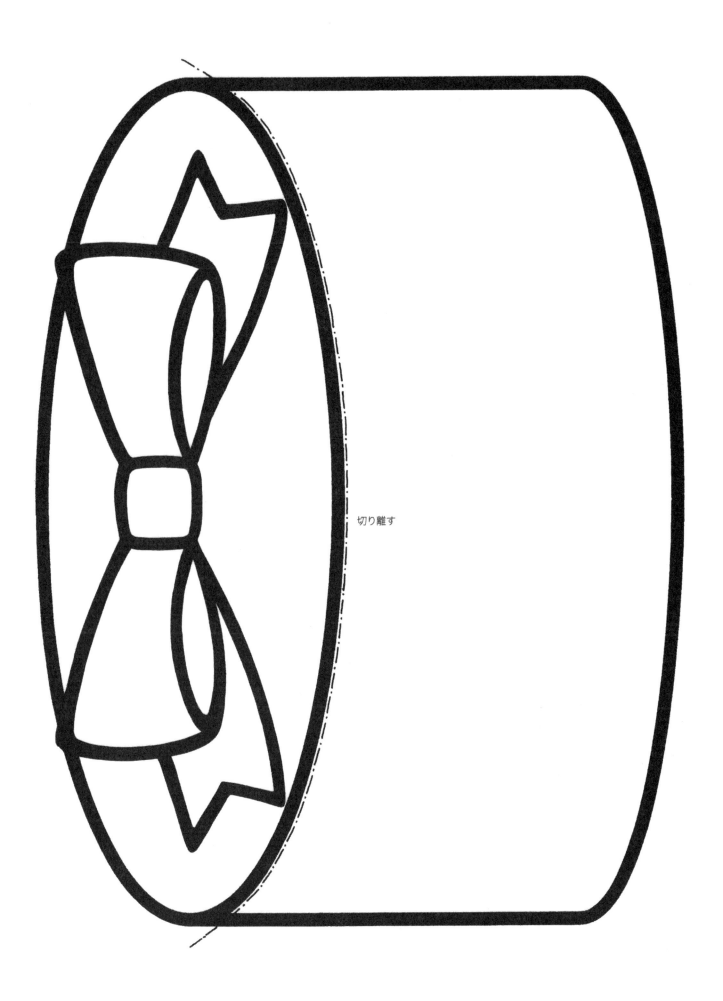

切り離す

出典：松家まきこ『保育いきいき パネルシアター』大東出版社 2008年 108-109頁

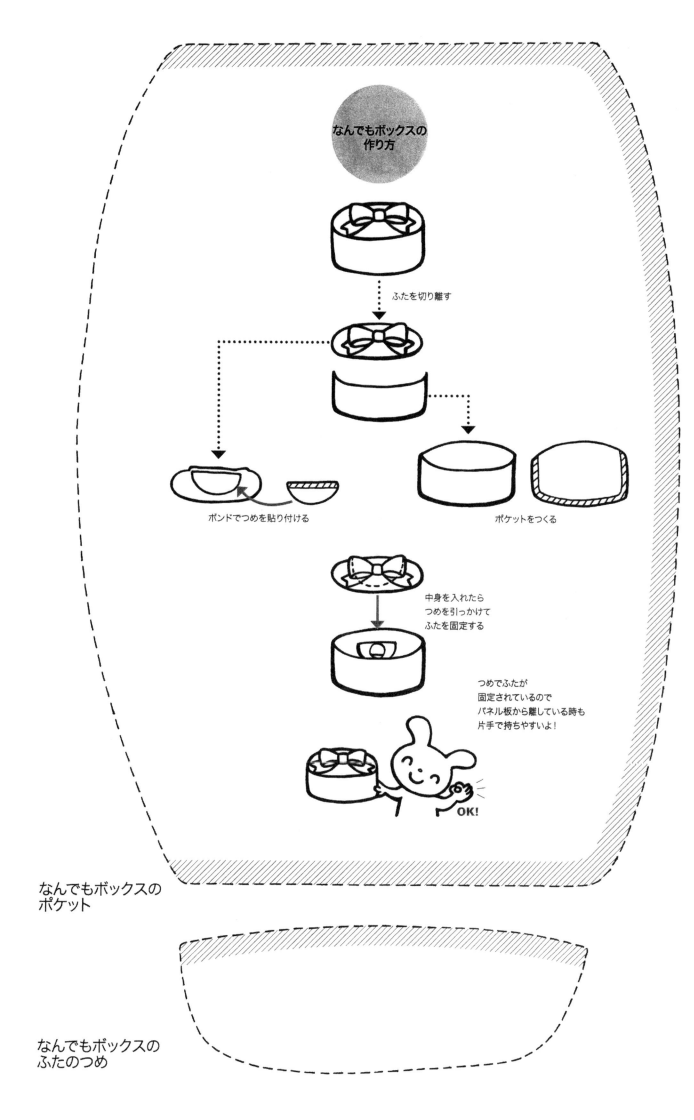

なんでもボックスの
ポケット

なんでもボックスの
ふたのつめ

My best なんでもボックス発表

提出： 　　年　　　月　　　日

月　　日（　曜日）	学籍番号	氏　名

作品名	対象年齢　　　歳	発表時間　　　分　　　秒

なんでもボックスの内容	セリフ	演じ方・配慮点
（絵人形の種類・図） （準備するもの）		

グループメンバーからのアドバイス

発表後の反省点

●実践メモ

①発表者／	作品名／
発表内容／	

②発表者／	作品名／
発表内容／	

③発表者／	作品名／
発表内容／	

④発表者／	作品名／
発表内容／	

⑤発表者／	作品名／
発表内容／	

エプロンシアター実践レポート

提出： 年 月 日

月 日（ 曜日）	学籍番号	氏 名	
題 名		発表時間	分 秒

作品の特長(図なども含めて書く)

実践する際の留意点

発表後の反省点

エプロンシアター発表評価票

学籍番号　　　　　　氏　名

点数…6点（pretty well）、7点（good）、8点（better）、9点（best）
自分の発表には採点はしない（／を引く）

	題　名	エプロンシアターの特長 / 演じ方について気づいたこと	点　数
1			点
2			点
3			点
4			点
5			点
6			点
7			点
8			点
9			点
10			点
11			点
12			点
13			点
14			点
15			点

ストーリーテリングの評価票	ストーリーテリングの評価票
発表者氏名 _____ 題　　目 _____ 評　　価　　A ／ B ／ C ／ D ／ E 一言アドバイス 　　　　　　　　サイン _____	発表者氏名 _____ 題　　目 _____ 評　　価　　A ／ B ／ C ／ D ／ E 一言アドバイス 　　　　　　　　サイン _____
ストーリーテリングの評価票	ストーリーテリングの評価票
発表者氏名 _____ 題　　目 _____ 評　　価　　A ／ B ／ C ／ D ／ E 一言アドバイス 　　　　　　　　サイン _____	発表者氏名 _____ 題　　目 _____ 評　　価　　A ／ B ／ C ／ D ／ E 一言アドバイス 　　　　　　　　サイン _____
ストーリーテリングの評価票	ストーリーテリングの評価票
発表者氏名 _____ 題　　目 _____ 評　　価　　A ／ B ／ C ／ D ／ E 一言アドバイス 　　　　　　　　サイン _____	発表者氏名 _____ 題　　目 _____ 評　　価　　A ／ B ／ C ／ D ／ E 一言アドバイス 　　　　　　　　サイン _____
ストーリーテリングの評価票	ストーリーテリングの評価票
発表者氏名 _____ 題　　目 _____ 評　　価　　A ／ B ／ C ／ D ／ E 一言アドバイス 　　　　　　　　サイン _____	発表者氏名 _____ 題　　目 _____ 評　　価　　A ／ B ／ C ／ D ／ E 一言アドバイス 　　　　　　　　サイン _____

ストーリーテリング実践発表

提出： 　年　　月　　日

月　　日（　曜日）	学籍番号	氏　名	
題　名		発表時間 　　　分　　　秒	総合点 　　　／　　　点

グループメンバーからのアドバイス

発表後の反省点

ペープサート・人形・パネルシアターを使った保育実践案

提出： 　　年　　月　　日

月　　日（　　曜日）	学籍番号	氏　名	印

選んだ題材	（内容）　　　　ペープサート　／　人形　／　パネルシアター

選択理由	

場面設定	3　・　4　・　5　歳児向け

時間	進め方	作品のイラスト
	（導入）　　　（展開）	
		留意点
	（まとめ）	

◆実践ノート◆　※印のところは、全員発表後に書きます。

〈仲間からのアドバイス〉	〈※自己評価：良かったところ〉
.　　.　　.　　.　　.	.　　.　　.　　.　　.　　達成率　　　　％

※　全員の発表を終えて（自分の発表の感想・仲間の発表の感想など）

※　自己課題（これから改善したい点・努力したい点など）

.

.

.

自己紹介の部分実習指導案

提出： 年　月　日

月　日（　曜日）	学籍番号	実習生氏名	印

クラス名	組	歳児	幼児数	男児　名・女児　名　計　名

子どもの実態

ねらい		活動名	

時間	環境構成	子どもの活動	保育者の援助（○）と配慮（◆）

提出： 年　月　日

◆実践ノート◆　※印のところは、全員発表後に書きます。

〈仲間からのアドバイス〉	〈※自己評価：良かったところ〉
.	.
.	.
.	.
.	.
.	. 　　　　　　　　　　達成率　　　　％

※　全員の発表を終えて（自分の発表の感想・仲間の発表の感想など）

※　自己課題（これから改善したい点・努力したい点など）

.

.

.